培养国际化人才：
家庭教育的作为

主　编　胡　敏
副主编　陈采霞　赵学敏

世界知识出版社

图书在版编目（CIP）数据

培养国际化人才：家庭教育的作为 / 胡敏等主编．—北京：世界知识出版社，2018.7

（向日葵国际教育丛书 / 胡敏主编）

ISBN 978-7-5012-5765-2

I. ①培… II. ①胡… III. ①家庭教育 — 研究
IV. ① G78

中国版本图书馆 CIP 数据核字（2018）第 129918 号

责任编辑　龚玲琳
特约编辑　宋　春
文字编辑　蔡楚娇　李若曦　邢　钰
责任出版　王勇刚
责任校对　马莉娜

书　　名　培养国际化人才：家庭教育的作为
Peiyang Guojihua Rencai: Jiating Jiaoyu De Zuowei

主　　编　胡　敏

副 主 编　陈采霞　赵学敏

出版发行　世界知识出版社
地址邮编　北京市东城区干面胡同 51 号（100010）
网　　址　www.ishizhi.cn
电　　话　010-65265923（发行）　010-85119023（邮购）
经　　销　新华书店
印　　刷　北京海石通印刷有限公司
开本印张　787 × 1092 米　1/16　11¾ 印张
字　　数　104 千字
版次印次　2018 年 7 月第 1 版　2018 年 9 月第 2 次印刷
标准书号　ISBN 978-7-5012-5765-2
定　　价　36.00 元

前　言

家庭教育的国际化时代来临

1岁孩子的留学规划

在“向日葵国际教育高峰论坛（2016）”现场，大会结束后，很多家长围着发言嘉宾继续热烈讨论。一位年轻妈妈过来问我：“我的孩子将来准备出国留学，你们能不能提供一个整套规划？”

我问：“您的孩子多大？想要怎样的规划？”

她答：“1岁多。规划就是上什么幼儿园、什么小学和初中，什么时候开始以及怎么学英语……然后，她可以顺利地到美国读高中、大学。”

一瞬间，周围的家长都被“1岁留学规划”吸引了，纷纷表示这个考虑太早了。我现场一调查，发现在场者的孩子全都不超过12岁，以小学生为主，还有两个幼儿园小朋友。稍微惊讶之后，大家的感叹很快达成一致：现在竞争激烈，要出国留学是需要早做准备的；要是晚了，很多事情都跟不上。

这次讨论，时常浮现在我的脑海里：

这个时代，父母真的好焦虑；

家庭教育的国际化时代来了，孩子如此小的父母已经开始筹谋出国留学；

家庭中的国际教育不能仅仅等于学英语+申请学校。

国际化时代，家庭教育的新课题

曾经，“学好数理化，走遍天下都不怕”；可是今天，没有学好“数理化”的人，也能用他们独特的知识和能力生活得很好，花样百出地创造财富。

曾经，学习的目标是为了获得系统的专业知识，在就业市场上独领风骚；可是今天，人工智能AlphaGo打败了世界排名第一的人类棋手柯洁九段，IBM的超级计算机Watson可以“独立看病”了，扫地机器人成为家庭普通配置，据说未来更多工作都将由机器人完成。

曾经，人们获取知识的途径是课堂，是老师，是书籍；可是今天，小小年龄的孩子已能娴熟地使用手机、电脑，无数在线学习资源唾手可得，互联网时代的学习完全颠覆了“上学才是学习”的概念。

于是，跟着父母学做父母的我们，发现很多“历史悠久”的家庭教育招数失灵了。还有什么招数是有效的？花钱送去学校——孩子有了专业老师，家长得了解放？然而，如果只用这一招，我想说，这是对家庭教育责任的放弃。

家庭教育历史悠久，几千年来，人们在家庭里习得生活的必需技能。19世纪瑞士著名的民主主义教育家裴斯泰洛齐曾说：“为克服家庭局限性的消极后果，人们建立学校。但是，人们决不能因此而期望，学校包括了对人教育的全部内容；也决不能因此而期望，学校能替代父母、客厅和家庭生活的地位，能为心灵、精神和职业教育做必须做的一切。”

但是，时代变化太快，作为父母的我们都可能感觉正在被时代抛弃，怎么培养未来人才？

这是国际化时代，每一个家庭都面临的新课题——不管是主动还是被动，由互联网带动的全球化，已经深入到了每一个家庭，我们的孩子将来必然毫无选择地要参与国际化生活。家庭教育的国际化时代已经来临！

做终身学习者：家长与孩子共成长

在这个时代，如何培养出具有国际化视野、知识、思维、能力的国际化人才？ 这是新航道家庭教育研究院成立三年以来，一直在探索的问题。

为此，我们开展了广泛的调查研究和活动。通过这些研究与活动，我们提出，第一，国际化人才的核心素养，正在成为中国父母必须关注的话题。全球化背景下，“核心素养”这个概念，正以席卷之势从国际热到国内。第二，在培养国际化人才的路上，家长要以身作则，做终身学习者，与孩子共同成长；但又不能过度干预，影响孩子的独立成长。

如何在家庭教育的国际化时代做好终身学习者，发挥家庭教育最有价值的作为？这也是每一个当代家长面临的难题与挑战。为了回答好这个问题，我们将2018、2017、2016三届“向日葵国际教育高峰论坛”的精彩观点整理成本书，以飨读者。唯愿本书中专家学者、校长们和国际青年榜样们的精彩观点能给大家以点滴启发和帮助。

爱尔兰诗人叶芝说：“教育不是注满一桶水，而是点燃一把火。”

希望，我们从今天开始，好好学习，天天向上，做一颗可以点燃孩子的火种。

新航道家庭教育研究院常务副院长
新航道全球胜任力研究中心执行主任　赵学敏

2018年6月10日

目 录

大咖观点

全球胜任力

核心素养

人工智能与学习

国际榜样

校长视角

中国式家庭如何与国际接轨

附录：向日葵国际教育高峰论坛

1

大咖观点

科学是新家庭教育的罗盘

朱永新，第十三届全国政协常委、副秘书长，民进中央副主席，中国教育学会副会长兼家庭教育专业委员会理事长

我们跟着上一代学做父母，下一代是跟着我们学做父母，所以我们教育孩子的方式往往是根据经验。但经验有时候是不靠谱的，虽然它是由实践得来的知识和技能，只有科学才能真正地把握事实的真相，科学才是家庭教育的罗盘。

家庭教育要实现从经验到科学，就会经历一个从个体走向团体，从感性走向理性，从未经检验到经过检验，从有对有错到基本正确的过程。

大数据颠覆经验常识

1.“输”在起跑线的孩子就输了吗?

根据经验，大部分父母都认为不能让孩子输在起跑线上，越早学习越好。但大数据研究却发现，上不上学前班，对孩子的学习成绩没有显著影响，说明把孩子拼命往学前班赶完全没有必要。

2.“名校”是成绩优秀的特效药吗?

很多父母打破头想挤进名校，认为上名校，孩子才有更好的发展。但大数据研究却告诉我们：成绩优秀的学生中，择校生和就近入学的学生所占比例分别是29.95%与28.48%，并没有显著差异，择校的影响并没有那么明显。上好学校并不能给我们带来期待的结果。

3. 课外班的“加餐”，孩子“吃”得更好吗？

现在几乎没有孩子不上课外班，父母纠结的是班上的“学霸”都在上，我们不上怎么办？但调研数据却证明，课外班并不能整体提升孩子的学业水平。而且美国家庭作业问题专家的研究成果表明，作业做得太多，不一定有助于提升成绩。

科学研究对家庭教育的三点启示

1. 家庭信息的丰富程度对孩子成长影响很大

脑科学研究表明，从孩子出生到六七岁的这段时间，是大脑建立联系最重要的时期。在这个时期，孩子受到刺激越丰富，日后的学习能力就越强。比如，生活在单一语言环境家庭的孩子，他的语言能力不如语言环境丰富的孩子。

2. 父母的期待会对孩子产生不一样的影响

美国心理学家罗森塔尔对一所小学的学生进行随机抽样，在把名单交给校长时，他告诉校长：“这几个孩子的未来发展不可限量。”结果8个月以后，当他们再来到这个学校时，发现名单上的孩子们因为受到校长和老师的鼓励与期待，都有很大的进步。来自父母或者老师的期待可以让孩子维持原有希望，努力向希望的方向靠拢，最终使期望成为现实。

3. 父母要帮助孩子学会克制

美国心理学家萨勒对一群4岁的孩子做了“棉花糖实验”。实验的规则是，如果一个孩子能坚持20分钟不吃手中的糖，那么桌上的两块糖他都能得到。但若不能等这么长时间，那么他就只能得到一块。结果，2/3的孩子选择宁愿等20分钟得两块糖，1/3的孩子几秒钟内就把一块糖塞到了嘴里。经过12年的追踪，发现选择等待的孩子比选择立刻吃糖的孩子，在心理品质和人生发展等方面的表现上都要优秀。这个著名的延迟满足效应实验给家长的启发就是，有时我们不能马上满足孩子的要求，要帮助他们学会克制自己。

最好的教育是帮助孩子成为更好的自己

作为一个教育工作者，我也纠结自己孩子的发展。他可以当教授，但他不愿意受束缚，想做一个自由写作者。我跟他斗争了很长时间，但现在我想为什么我不尊重孩子的选择？为什么不让他追求幸福呢？我们要让孩子找他最喜欢、最愿意做的事情，尊重他个人的选择。幸福永远是教育非常重要的标准。

幸福的同时也要完整，完整意味着真正让孩子成为他自己。很多人一生都走在一条错误的道路上。作为父母，就要让孩子不断尝试，接触更多东西，让孩子的生活更加丰富、多元，这样孩子才能找到自己。如果父母把自己的意志强加给孩子，把未实现的梦想让孩子帮助实现，这个可能就有问题。

实现家庭教育内容科学化的“三力”：健康力、交往力、学习力

每个人都有三条命，第一条命就是自然的生命，自然生命的长度是健康力的表现。第二条命是社会生命，也就是生命的宽度，是交往力的表现。第三条命是精神生命，是生命的高度，也就是我们所说的学习力。生命的长度、宽度和高度——健康力、交往力和学习力，决定了生命的品质。

家庭教育内容的科学化，应该致力于培养孩子的健康力、交往力和学习力，让自然生命更长、社会生命更宽、精神生命更高，帮助孩子成就更好的自我。

1. 阅读和写作

阅读与写作是学习力非常重要的两个方面。我在《我的阅读观》一书中讲到五个我对阅读的理解，其中包括以下三点。

第一，一个人的精神发育史就是他的阅读史。

人的精神成长与阅读密切相关。每个人来到这个世界上就是为了看看美好的风景。世界上最美的风景是精神的风景。很多人终其一生看到的是自然风景，是物质世界，没有看到精神世界。没有精神生活的人其实不是真正意义上完整的人。一个人最后寻找幸福，也是和他有没有精神生活有密切关系。所以，阅读能力非常重要。

第二，一个民族的精神境界取决于这个民族的阅读水平。

一个国家、民族的力量和阅读能力有密切的关系，会直接影响整个国家的精神境界。

第三，一个没有阅读的学校永远不可能有真正的教育。

教育在很大程度上就是在解决阅读问题。阅读问题解决了，教育的绝

大部分问题就解决了。

举个例子，前不久，我在湖北随县参加了一个新教育实验会。这个农村县抓了五年时间的阅读，学生的阅读量是城市学生的几倍。在随州市全市语数外综合考评中，前10名，随县考进了8个；前20名，占了16个；随县23所学校，全部进入前27名。所以说，阅读是学生最核心的能力。

写作是与阅读相关的另一项重要能力。如果阅读是学的话，写作就是思考。

在美国大学，写作是非常重要的必修课。通过写作，人能够清晰表达自己的思想。要想做得精彩，必须写得精彩。要想活得精彩，必须写得精彩。只有写得精彩才能推动自己做得精彩，活得精彩。

2. 探究力

探究力，是学习力另一个重要的方面，也是被严重忽略的问题。好奇心是一个人成长的原动力，当一个孩子对世界充满好奇，他才会永无止境地努力。如果一个孩子对世界很麻木了，他也就没有学习的动力了。

孩子问问题的时候，很多父母不耐烦，把他们轻易地打发走。这对孩子探究力的发展是很不利的。如果我们没办法解决孩子的问题，就需要和孩子一起去探索。

如何培养孩子
面向未来社会的能力？

尹后庆，中国教育学会副会长，上海教育学会会长，前上海市教委副主任

中国家长的焦虑

现在的家长有太多焦虑，有初二的学生家长告诉我，他们的家庭要崩溃了，快维持不下去了。为什么？因为孩子。这位家长说："老师天天盯着孩子上课、做作业，孩子受不了。孩子受不了了老师就找家长，今天作业没交，老师一个微信就发给我们家长了。"还有家长跟我讲："我的孩子已经不是上课睡觉的问题了，是考试都睡觉了。"

一边对着不断催促的老师、一边对着经受不住太多的孩子，家长有很多无助和焦虑。我想可能有些老师教学教得不错，但是他不理解孩子，因此对家长施加了很多压力。父母为了教育孩子，彼此意见不一致、理解不一致，家庭就容易吵起来了。

有一次一位家长问我："我的孩子从预备班到初二已经坚持不下去了，我们想让他在初三时到国外去上学行不行？有没有可能在国外上学就能够摆脱这种控制？”

我说：“关键问题不是初三在哪儿上，而是你们对孩子的指望程度。因为孩子现在就读的学校，是在小学升初中时因为孩子优秀而进去的。所读的学校是以学生的分数为第一位的，这是目前中国教育的弊端，考试遮蔽了教育理念非常有价值的东西，使得分数、知识点被碎片化，考试成绩成为知识的唯一检验标准。”

培养什么对孩子最重要？

进入21世纪以后，全世界都在关注技术发展大背景中人的观念和精神发展。我们生活于其中的社会总在不断变化，信息化技术的高度发展对人的发展提出新的要求。比如若掌握和应用技术的人不讲道德，我们的社会会怎么样？再如，技术高度发展会影响人的精神生活的丰富性——人们所追求的精神，在技术发展的汪洋大海里可能成为一叶扁舟。

因为技术的发展，特别是最近几年人文制度的发展，未来5—10年中将有大量的岗位消失，消失以后人们怎么就业？技术的发展使得维持生活的必要劳动时间减少了，人们富余的时间增多了，但此时该如何追求精神世界的发展？面向未来，人们之间怎么合作？

这些问题都促使我们关注技术发展背景下人的观念和精神发展，思考面向未来社会的需要以及个人发展的需要，人所必备的品格和关键能力，也即人所需具备的面向未来的核心素养。人的培养离不开教育，让教育回归育人本位，让教育尽可能地促成人的核心素养发展，成为大家共同关注的话题。

《中国学生发展核心素养》同其他国家有很多相同之处，因此从这个角度讲，并不是家长为孩子选择离开中国的教育体制就能够获得核心素养，这不一定，因为即便是在中国的教育体制里面，我们同样能追求核心素养。

上面的家庭困境，其实是因为家长的教育选择造成的。家长在给孩子选择国际高中学校的时候，应该考虑清楚，以什么原则进行选择？为什么要选择这所学校？我希望在择校的时候，家长能够理性地为孩子选择一所让孩子的核心素养更好发展的学校，让孩子成长。

以核心素养为本的教学要关注什么？

目前，所有的学科都在探索教学内容。比如语文，为什么学习语文？学习以后培养了学生哪些必备的品格及关键能力？这是任何一门学科都要思考的。当下，教学最突出的问题是“知识灌输”和“技能训练”依然是教学的基本方式，以及过度关注固定的解题过程和标准答案。我们要把这种“知识为本的教育”转变为“核心素养为本的教育”，因为在技术如此快速发展的当今，把学科知识装在孩子脑袋里面，他们能够应对未来社会吗？

那么，以核心素养为本的教学要关注什么？

第一，问题化学习。所有的学习都是在问题解决中发生的，在解决问题过程中再次发现问题，如此学习不断发生。这既是个人向外面世界的学习，同时也是个人在与外界联系的过程中不断建构自己的过程。

“以讲授为中心的课堂”转变为“以学习为中心的课堂”，中间的桥梁就是——“问题化学习”。现在上课为什么要给学生灌输概念呢？这是因为现实中有一个问题，人们在解决问题的过程中形成了概念。“问题化学习”主张教学必须以学生学习为主，而不是灌输概念。

“问题化学习”的价值在于把真实的问题变成预练，让孩子在解决问题的过程中建立知识结构，当整个结构形成的时候，孩子的认知建构的方式会进行重组，那么学生会在问题与问题的联系中，进行知识与知识的联系。

第二，情景化教学。问题往往产生于情景中，真实的生活情景在“核心素养为本”的教学中具有重要价值。我们现在存在一个现象，就是学生学过某个知识，却不能用来解决问题，原因就是学校教学缺乏情景化。因此，我们可以得出的结论是——情景是学生核心素养培养的唯一途径，也是培养核心素养的基础。

第三，单元设置。在学校里，一堂课的知识点是不是讲得清楚、是不是落实的？这个通常是落实的，问题在于今天的课与明天、后天的课能不能连接？孩子的生活知识有没有提升？这个往往是没有达到的，所以要进行单元设置。单元设置既要强调学科知识单元，也要强调生活单元，生活单元就是学生的生活经验。如果学校关注得不够，家庭要做一点帮助，让孩子建立知识与真实世界的联系。

此外，学科学习过程中要开展大量的学科活动。什么是学科活动呢？比如，政治学科要开展社会调查、问题辩论等活动。最后，落实核心素养，要关注跨学科课程的设计，可以让学生获得直接经验，关注的是探究学习。这些活动在实施的过程中，遇到了一些家长的阻力，他们反映老师不好好上课，组织孩子到外面看昆虫，将来高考并没有用。

如果家长能跳出着眼于当下知识掌握的观念，转向面向未来的素养培养的观念，支持学校开展的各种学科活动和跨学科课程，就能够在学校和家庭层面形成一个良好的核心素养培养的环境，致力于共同提升孩子面向未来的能力。

从当前到未来的教育与学习，多维度的挑战和机遇

张力，国家教育咨询委员会秘书长，教育部教育发展研究中心原主任

党的十九大报告开启实现“两个一百年”奋斗目标和中华民族伟大复兴中国梦的新征程，在总体目标任务部署中，教育与学习显得格外重要，担负着深度开发人力资源的重要使命。党的十九大报告指出中国特色社会主义进入新时代，我国社会主要矛盾发生新变化的重大历史性判断，人民群众日益增长的美好生活需要，当然包含了多样化的、有质量的、公平的教育与学习需求。

我们学习领会党的十九大报告关于教育与学习的总体要求，主要体现在三点：一是确定了新时代优先发展教育事业、加快教育现代化、建设教育强国的战略部署；二是坚持以人民为中心的发展思想，对办好人民满意的各级各类教育提出新要求新举措；三是更加重视全面增强教育系统自身实力和教育服务“五位一体”总体布局能力。

终身教育向终身学习的演进

20世纪70年代以来，在全球范围差不多每十年就有一次同教育与学习

相关的“革命性”变化。以1972年联合国教科文组织的《学会生存》报告为起点，教育与学习理念开始进行里程碑式的变化，80年代新信息通信技术兴起，引发教育与学习手段的显著变化。90年代WTO教育服务贸易，导致教育与学习支付方式的全新变化，而世纪之交以来，进入第一、二个十年，教育与学习日益密切联系可持续发展全局，形成教育与学习的发展模式、制度建设的重大变化。

根据联合国教科文组织的2011年版国际教育标准分类，正规教育系指通过公共组织和被认可私人团体进行的制度化、有目的、有计划的教育，其总和构成一个国家的正规教育系统。学习则是指个人通过经历、实践、研究或授课，而获取或改变信息、知识、理解力、态度、价值观、技艺、能力或者行为。学习，伴随人类进化的全程，比正规教育范围更为宽广。因此，进入21世纪以来，国际组织的政策文本愈发倾向以终身学习（Lifelong Learning）覆盖终身教育（Lifelong Education）。从现在起到2030年的全球教育走势，不同发展水平的国家都在寻求教育公平性、增强教育有用性、提升教师质量。

从终身教育向终身学习演进，我国的普通教育体系、职业教育体系和继续教育体系需要更顺畅地相互连接，努力实现习近平总书记所期望的前景，“构建衔接沟通各级各类教育、认可多种学习成果的终身学习立交桥”。这意味着，绝大多数中国青年在完成高中阶段教育后，进一步求学、深造、进修的机会将成倍增长，学校教育与多样化学习两个“三角形”叠加而成的学习型社会，就像上海世博园中国馆那样，基石是足够扎实的基础教育，高层次平台则是进入普及化阶段的高等教育（高中后教育）与职业教育、继续教育的深度融合及全方位混搭发展的全新框架。

中国教育现代化的目标与进程

教育现代化，一般是指后发国家在工业化社会前后不断追赶先发国家的教育变革创新过程，也是教育适应本国经济社会发展的过程。新中国的教育，是在改造旧中国的基础上起步的。1949年大中小学在校生规模，像是一个倒图钉，只有100多万人能上中学，10多万人能上大学，当时必须增设工农速成中小学和扫盲班，解决全国5.4亿人口中80%不识字的突出问题。

改革开放以来，教育发展取得显著成就。世纪之交，随着基本普及九年义务教育，高校扩招，大中小学在校生形成了金字塔形。2016年，大中小学在校生呈现正梯形结构。在全世界210个国家中，正梯形结构的大约有1/3，其他仍然处于金字塔形甚至倒图钉形。

目前，我国各级各类教育入学（园）率都已达到中上收入国家门槛。2020年，我国教育普及整体水平将处于中上收入国家平均水平之上。但是，同高收入国家相比，届时高中阶段和高等教育毛入学率，我国还要分别落后10个、30个百分点，至少在高等教育阶段还要追赶很多年。

纵观世界各国，没有现成的教育现代化模板可供我们复制，中国教育现代化就是锁定在本国现代化，国家现代化目标已把教育现代化融入整个进程当中。考虑到教育周期长，教育现代化应比国家现代化超前部署实施，需要注意借鉴他国经验，这对实现中华民族伟大复兴的中国梦，具有重要战略意义。

15周岁是各国主要劳动年龄人口的起点，经济合作与发展组织多年来举办国际学生评估项目（PISA），成为衡量参与国家（地区）人力资源开发质量的指标之一。在2009年和2012年分别以阅读素养和数学素养为主的测试中，上海蝉联第一，但2015年加上北京、江苏、广东后，中国四省市样本学生在科学素养为主的测试中降到第十，如果把东中西部省区市陆续加进来，排位还会递次下降，这就是中国教育现代化所面临的突出问题。

同在共和国蓝天下，同样的九年义务教育课本，学校标准化建设差不了多少，信息化硬件差距也在缩小，那么，差的是什么？就是师资质量。如果到2035年，全国所有15周岁男女学生再参加抽样测试，结果不能在全世界前20名内，那我们的教育现代化的实现程度会大打折扣，可能难以胜任国家现代化赋予教育与学习的重任。

迎来教育与学习资源“战国时代”

当前，我国正处于加快建设全民学习、终身学习的学习型社会阶段。“互联网+时代”的教育与学习，将形成从1.0到N.0的升级版，在学习与教育游戏化、因材施教在线互动、翻转式课堂和教学、高度弹性和个性化等方面，正在呈现多样化的探索格局，其中，最为明显的特点是，老师（Teacher）和学生（Student）的关系，也将向泛化的师者（Tutor）和学习者（Learner）转变。

我国将迎来教育与学习资源的“战国时代”，政府将依法重点保障公共教育服务资源的公平性、普惠性、均衡性，同时，市场机制配置学习资源的选择性、竞争性日益活跃，仅靠公办教育不能完全满足人们的多样化学习需求，国家法律政策鼓励和引导社会力量和民间资本进入教育与学习领域，提供多样化服务。

“战国时代”正在形成弥散式、泛在式、自助式、互助式的学习形态，“能者为师VS愿者为生”的新格局逐渐显现，尤其是在人工智能开始介入教育与学习领域以来，当前多见于对人类可迁移性知识传授辅助，未来将可能转向人类与人工智能系统共商、重构、创新知识结构，达到人类和人工智能系统的共生共存状态。

我们有理由相信，2035年前的中国教育与学习现代化，将沿着坚持立德树人、发展素质教育、提高质量、促进公平的主线，以治理体系和治理能力现代化为基础支撑，并借助教育信息化、教育网络化、教育国际化所注入的活力。展望21世纪中国人的教育与学习，将朝着更有质量、更加公平、更为有用、更加持续的方向迈进，让亿万人民群众更满意。

不要怀着赌一把的心理
把孩子送出国留学

孙云晓，中国教育学会家庭教育专业委员会常务副理事长，中国青少年研究中心研究员、家庭教育首席专家

据全国妇联2015年12月底发布的全国第二次家庭教育状况调查报告，全国60%以上中小学生家庭有送孩子出国留学的意向，这是个多么大的数量，中小学生比例是很高的。

有一次，我从北京郊区打一个出租车去机场，出租司机听到我跟别人说话知道我是做教育的，就要跟我好好讨论一下孩子的教育问题。从很远的地方到机场将近一个多小时，这位司机一直和我讨论他孩子留学的问题。他希望自己儿子去英国，他说："我们家一共存了100万都可以投入，而且我和我妻子一个月收入1.5万，我们可以再每月投入1万元。"我问他："你孩子愿意出国吗？你了解英国大学吗？你孩子适合出国吗？"这位父亲就很茫然，他说不清楚，好像孩子不是太积极。这可能就是一个现状。

留学热、冷思考

多年前我在《参考消息》发表题为《面对未成年人留学热的冷思考》

的文章，今天当留学越来越热、越来越低龄化的时候，我们需要冷静地思考，光有金钱和外语就适合出国留学吗？是否每一个孩子都适合出国留学？在思考出国留学问题上是否有尊重孩子的选择权？孩子出国留学最需要准备的是什么？怀着赌一把的心理把孩子送出国留学，是对孩子人生未来负责任吗？我觉得这都是一些值得思考的问题。我跟一些留学专家交流，他们认为孩子留学年龄越低失败率越高，这是非常值得思考的。

智慧家庭的作为带给孩子不一样的生活经历

我想起几位非常智慧的父母的做法，一位母亲来自广东，他儿子16岁，执意出国留学，这位妈妈就说："儿子，我和你爸爸都是公务员，没有那么多钱怎么供你出国留学？"儿子说："只要给我第一年学费，后面不用管。"这位妈妈看儿子那么执着，强烈要求，后来想出一个主意说："咱们用暑假两个月时间进行一个出国留学模拟，看看这两个月不给你钱你能不能生活，你继续学英语，继续坚持打工，看能不能养活自己，如果你能够坚持下来那还可以考虑。"结果孩子这两个月很辛苦，打了几份工，最后不但维持自己生活，还剩下500块钱。后来这位妈妈就送孩子出国了，这是很不错的。

我们还发现有的学生，即使考了状元也未必就能出国留学；但有的学生英语成绩没有那么一流，却被优秀大学录取。深圳实验中学一个看起来很普通的女生，为什么被斯坦福大学录取？原因是她社会实践服务做得非常好，她在家庭的支持下，解决了50户菜农往城里供应蔬菜的问题，解决了很多城市居民吃菜的问题，受到了斯坦福大学的关注，被优先录取。

我也很赞赏我的一个朋友，他的孩子在高二结束之后到美国读高三、考大学。在这个父亲建议下，这个孩子开始养成写自我管理日记的习惯，高三这一年在美国写了30万字的自我管理日记，每天都过得很有意义，孩子后来在美国上了很好的大学。我去年见到这个男孩子，问他现在还写自我管理日记吗？他说已经写了80万字了。

这样的父母，他们就是很有智慧的父母，很负责的父母。对孩子家庭教育的作为，这是有作为的。

给留学家庭家长的建议

孩子出国留学的成功和失败也是家庭教育的成功和失败。如何对孩子的未来负责？这里我给希望孩子出国留学的父母们四条建议。

第一，把自己和家人变成地球村的居民，在实践中了解世界的变化，学会交往与合作。新航道国际教育集团总裁兼校长胡敏教授所讲的他儿子参加21天交换生的经历产生了那么大的作用，父母应该要做这样的实践。

第二，提高孩子外语能力的同时，更注重培养孩子主动性和自制力，这是健康人格的核心要素。特别需要提升社会服务能力，养成自我管理的良好习惯。

第三，从小培养孩子中国优良传统文化的基础，并且把中外文化结合起来，幸福的人生离不开强大的精神家园。

第四，可以，并且需要给孩子一些发展的分析和建议，但要把尊重孩子的选择权作为不可动摇的原则。

播种梦想，培养自信有主见的国际化领袖

胡敏，新航道国际教育集团董事长兼CEO，新航道全球胜任力研究中心主任，南京师范大学、上海师范大学、华中师范大学等多所高校兼职教授和山东大学硕士生导师

我从事教育工作30多年，最近这些年越来越明显感觉到，在全球一体化、国际化的进程中，中国家长对国际教育的重视程度越来越高，越来越多的家庭有送孩子出国留学的意向，但真正懂得家庭教育在孩子国际化进程中应该发挥哪些作用的并不多。

播种梦想，孕育奇迹

很多家长以为孩子上了国际班、读了国际学校、出国上了大学就是接受了国际教育。实际上，要培养孩子成为国际化杰出人才，家庭教育的第一个作用就是播种梦想，孕育奇迹。梦想就像种子，再小都能让人爆发无穷大的力量。

2016年5月26日，哈佛大学的毕业典礼迎来中国大陆地区首个登台演讲的学生，得到这个巨大荣誉的学生是来自湖南农村的何江。在何江的青少年时代，他的父母亲没有随打工潮外出，而选择了在家种水稻陪伴儿子，不管

白天多么辛劳，每天晚上父亲一定会在睡觉前给孩子讲故事，十几年如一日。何江心中梦想的种子就是父亲用一个个故事播下的，引领着他从湖南农村走向世界舞台。

在当今这个时代，成为国际化人才不仅应该是每个孩子心中的梦想，而且正在成为不得不面对的成长课题。但是我们的年轻人准备好了吗？我们的家长意识到培养孩子什么样的核心竞争力才能到世界舞台上挥洒激情、创造美好吗？

培养成就动机，创造引爆点

心理学上有一个说法叫作成就动机，指个体将会为自己认为最重要、最有价值的事情最大限度地投入所有的精力，努力使之变得完美。成为国际化杰出人才如果是孩子自己的目标，就能成为他的成就动机。

我自己也是一个留学生的家长，我们的孩子高一时去美国参加了为期21天的交换生项目，受到激励，回来以后就说要到美国上大学。其实我们心里一直是这样希望的，但那时我们却要求他先拿到托福和SAT成绩，达到要求我们就会成全他的想法。孩子有了自己的目标，我们又及时给予他刺激，引爆他的成就动机。

后来孩子如愿以偿，到美国读书的6年时间里读了三个本科、一个研究生、一个辅修专业。但是他绝不是死读书的学霸，他玩的时候非常疯狂，学习的时候也非常疯狂，工作的时候同样疯狂。但不管怎么疯狂，他心中都有目标，那就是在国际舞台上要树立中国留学生良好的形象。一颗强大的中国心，是孩子的精神内核，是让他不管在哪个舞台上都能飞得更高、走得更远的最坚实根基。所以孩子的成长道路上一定要有内在驱动力，才能够引爆他自己的青春岁月，释放他的无限激情。

家长做好参谋而不是指挥官，培养自信有主见的国际化领袖

国际杰出人才应该是自信、有主见的，这就需要家长只能够做参谋，而不是当指挥官。在北京新航道学校我遇见过一位来自山东的家长，对留学方面的知识了如指掌，把孩子的留学规划得清清楚楚，功课做得可以直接竞聘国际教育顾问的职位。但孩子跟在后面一声不吭，当我问他："你想出国留学吗？"孩子游离、犹豫的目光马上投向他的父亲。这一幕我永远也忘不了。有多少家长也是这样主宰着孩子的命运，把自己的意愿强加在孩子身上，希望孩子今后成为自己想要成为的那个人。

家庭教育要有所为而有所不为，应该放手的时候就放手，让孩子自己学会成长，自己面对挑战，有魄力、有胆量面对他的人生，实现他的规划。孩子一人去留学，需要全家总动员。父母在孩子的留学路上要扮演三种角色：引路人、好帮手和好战友。主角应该是孩子，我们是助力，我们的职责是推动他而不是代替他向前迈进。

人生道路是无法预测的曲线，如何培养国际杰出人才，是新时代新的课题，是我们的责任，是我们的使命，也是我们的荣誉。要培养孩子成为国际化人才，需要方方面面的努力，需要每个家长都能够发挥应该有的作用。这个世界是如此美好，只要我们做家长的真正用心爱自己的孩子，陪伴他们，关爱他们，跟他们共同成长，我坚定相信孩子一定会给我们带来惊喜，和我们携手共进，创造更美好、幸福、和睦的人生。

2

全球胜任力

教育孩子，不为过去，而为将来

〔德〕Andreas Schleicher，经济合作与发展组织（OECD）教育与技能司司长

虚拟现实通过智能手机与现实相连接，将我们每一个人联系起来；同时也改变了我们所熟悉的生活状态，使整个社会变得更加复杂、反复无常、模棱两可。在科技高速发展的今天，在教育上，我们现在所面临的挑战是：教育孩子，不是为了我们早已熟悉的过去，而是为了他们的未来。

“后真相时代”的挑战

我们生活在一个“后真相时代”（Post-truth）的世界。知识与信息的传播，其“病毒性”甚至超过了内容本身。过去，如果我们不知道某一问题的答案，可以去查百科全书，并且可以确定从百科全书上得到的答案是正确的。在那时，阅读就是汲取书本上的知识。

现在我们不知道答案，去查微博或者去谷歌，会发现有成千上万个答案，但是没有人告诉我们哪些是正确的，哪些是错误的，哪些是真的，哪些假的。阅读不再是为了“汲取”知识而是“构建”知识。而计算机的算法根据我们共同的兴趣，将想法相似的人、工作相似的人归类在一起。这些由想法相似的人形成的群体就像是一个回音室，不断放大相同或相似的观点，屏蔽那些不一样的意见和观点。

以上这些现状，要求今天的教育与过去完全不同。

知识在这个时代仍然起很重要的作用，仅有学科性的知识是远远不够的。孩子学习数学公式、方程式很重要，但更重要的是培养能力，培养孩子像数学家一样思考。自然科学、物理、化学也都是学校里很重要的科目，但学完这些学科知识，我们的孩子能像科学家一样思考吗？可以设计一个实验吗？可以提出假设，并证实吗？

只有知识是不够的，现今社会并不会因为一个人拥有多少知识就给予回报，它真正关注的是如何利用已有的知识去做事情，所以我们需要有技能，要具备认知方面的能力。比如创造性思维、批判性思维；同时社会方面和情绪方面的能力也很重要，要有抗压性，要勇敢，要有同理心，能够与不同的人和谐相处；在这其中最重要的就是孩子的能动性，他们是否能够主动去做些什么？

全球胜任力——新的评估角度

这些现实让我们不得不思考从一个新的角度对孩子的能力进行评估。这就是PISA（Program for International Student Assessment，中文称“国际学生评估项目”）测试最新发布的评估角度——全球胜任力（Global Competence）。

PISA在2018年将评估15岁中学生在获得全球胜任力的过程中处于什么阶段。

“胜任力”并不仅是指一种具体的技能，而是知识、技能、态度和价值观的结合体。获得全球胜任力是持续一生的过程，不存在某一时刻，学生就具备了全球胜任力。

PISA对全球胜任力的定义包含了四个目标维度。

1. 能分析在地区、全球和文化上有重要意义的议题

具备全球胜任力的孩子在全球问题上形成个人观点时，能有效地结合知识和批判性推理，从而对于国际性的或者跨文化的问题形成有见地的观点。具有全球胜任力的学生，可以利用并且结合学科知识和在学校里学到的思维模式，提出问题、分析复杂的数据和论点、解释他们观察到的现象、形成自己的立场。

2. 能理解和欣赏不同的看法、立场和世界观

具备全球胜任力的孩子有从多视角思考全球问题和他人观点与行为的意愿及能力。

3. 与不同文化背景的人进行开放、得体和有效的互动

具备全球胜任力的孩子能够了解文化规范、交互风格、跨文化情境的正式程度， 并能灵活调整自己的行为和用语，以适应不同的互动情境。该维度强调人们要尊重他人，主动了解对方，并且努力关注边缘群体，能够与其他人甚至来自不同文化的人一起，参与一些开放的、适当的、有效的跨文化活动。

4. 为集体福祉和可持续发展采取行动

该维度强调孩子对本地的、全球的、跨文化的问题做出回应的准备度。具备该能力的孩子能够采取明智的反思性的行动，愿意参与改善自己的社区和社区以外的其他地区人们的生活条件。

改变社会、影响未来的能力

面对这样的环境，教育者和家长可以做些什么？

经合组织于2018年4月5日发布了“未来的教育与技能：教育2030”研究项目的意见书，阶段性地总结了研究成果，希望帮助教育者了解现在的学生需要哪些知识、能力、态度和价值观帮助他们改变世界。意见书中提到，在这样的全球化背景下，三个类型的能力非常重要。

1. 能够创造新的价值

创造新的价值包括创造、形成、规划的过程，得到创造性、新颖、原创的成果，帮助培养内在的积极价值。支撑这一能力形成的要素有：创造力、好奇心、全球思维等。

2. 能够调解冲突和处理困境

问题的答案通常不是黑或白这么简单，必须从不同的角度进行再次思考、对不同的观点进行思考。即使在本国，我们也需要调解具有全球内涵的观点与利益。这就要求我们能够熟练处理冲突与困境，权衡利弊。

3. 有责任感

这意味着我们可以根据自己的经验、个人目标和社会目标，反思并且评价行为，解决新奇、变化、多样性和模棱两可的问题。

教育者和家长可以通过一系列的反思、预测和行动，使孩子的这三种能力得到发展。预测是运用认知能力，例如分析能力与批判性思维思考未来需要什么，哪些事情会对未来产生影响。反思是指孩子们有能力质疑这个时代已经确定的智慧，能够通过反思将自己抽离出来，从其他立场思考问题。反思和预测都有助于采取负责任的行动。

在一个越来越一体化并且相互联系的世界，对于来自不同文化背景的人们要有开放的心态，要尊重文化的差异，要有全球意识。所有的知识与能力对于孩子未来想要取得的成功而言都至关重要。

我们的下一代毫无选择地被国际化了

滕珺，北京师范大学国际与比较教育研究院副院长、副教授，美国哥伦比亚大学师范学院国际与发展教育系兼职副教授

未来社会一定是全球化的社会，以前我们讲到全球化还会觉得是离我们生活相对遥远的时代。但是，现在每个人，其实已经感受到全球化与我们的生活息息相关了。

人口和资金的流动带动全球范围的竞争

根据联合国人口统计署的数据，1990年全球人口流动数量大概为1.54亿人，到2013年数据飙升到了2.3亿人，增加了1.5倍。这组数据中，印度、中国、墨西哥这类新兴经济体国家人口移动数据增长是全球平均速度的2.3倍。与人的流动同时匹配的是资金的流动，在过去十几年中，全球资本流动速度亦增加了2.3倍。

从这些数据可以看到，人在流动，钱在流动，这意味着我们的就业机会在流动。我们的下一代是毫无选择地被国际化了，以前可以选，包括各位家长，可以选择“我不出国，我在国内活得挺好的”。但是可能到我们的下一代，随着人口和资金的流动，我们真的不知道孩子们要与来自地球何处的人竞争。

在国际社会上，有一个学术术语是“全球胜任力”（Global Competence），指个体不管在地球任何一个角落流动的时候，都能够跟来自世界任何角落的人竞争，并能保证竞争的优势。我们要培养孩子具备这种能力。

国际人才的四个核心指标

我从2011年开始一直到现在做了一项研究，研究国际组织的人才标准，在国际组织工作的人可以算是国际化人才的成人典型代表。什么样的人可以真正称之为国际化人才？研究后我们进行了归纳总结，这里我主要讲四个维度。

第一个维度是价值观。它是内驱力的根基，价值观包括很多具体的指标，如对政治、多元文化的尊重，专业的精神，民族文化身份等。

第二个维度是思维方式。思维方式是价值观的一种延伸，这包括团队合作、创新等。

第三个是专业技能。很多人说这个时代对于知识的重视过了，情商的重视低了。我觉得不是过了，是不够，这取决于我们怎么来界定知识。如果说我们把“知识”界定为只是对一些信息的初步了解和复制，就是低端认知目标的话，确实在这个时代要被替代。因为计算机技术快速发展，不能再问孔子有多少个弟子这样的问题，因为不需要记得。这个时代缺乏的是高端认知，你要回答的问题不是孔子有多少个弟子，而是如果嫁人你会嫁给孔子哪位弟子。它是一种高端的、无定势的思维方式的培养。从这一层面说，我们在认知上还是要加强。

第四个维度是国际可迁移能力。它就是不管在哪个国家，不管干什么工作都得具备的能力和个性特征。有一些个性特征是天生的，这个没办法改变，有一些个性特征，比如抗压能力，比如灵活度、包容心，这些东西是在后天教育中可以养成的。

价值观：内驱力的根基

至于最重要的素养，我认为是三个字，价值观。我在美国哥伦比亚大学给研究生授课的时候跟学生聊天，我问他们觉得哥大好不好，他们说好。我再问他们哥大跟他们以前所读的本科院校有什么不同，一个孩子的回答让我特别印象深刻。这个孩子以前在全美排名前五十的大学里读书，他说："我以前的学校跟同学们在课间经常讨论的一个话题是毕业后怎么找到好工作，来到哥大后我们主要在讨论的问题是怎么通过教育让世界变得更好。"培养这样的价值观，是非常复杂的，从心理学上都可以知道，培养一个人的价值观不是一朝一夕的事情。

价值观是有层次的，我们不反对个体满足自身的基本需求，但是一个人的价值观，最关键的问题是思考的格局。如果你只想一个人的事，格局就这么大，想一群人的事就有一群人的格局。我们站在全球的角度来思考，既要跟人竞争，也要合作，要想的问题不只是这么一个人，而是一个群体、一个国家，甚至可能是全人类的事。

给家长建议：让孩子犯错吧

最后，我对家长们提一个小小建议，就是不要害怕孩子犯错误，我们要更相信自己的孩子一点。孩子小的时候，你害怕孩子摔跤吗？其实，从来没有摔过跤的孩子，长大以后他的平衡感和重心一定是不好的。所以，家长们，只要在你允许的范围内，觉得孩子犯错的环境是相对安全的，就让孩子犯错吧。

哈佛大学青睐什么样的学生？

〔美〕Jon Mills，哈佛大学前亚洲中心运营总监、哈佛大学驻亚太地区代表，新航道国际教育集团首席升学顾问

对孩子来说，什么才是“适合的”大学？

中国家长在择校的时候，特别是准备送孩子到美国读书的时候，还是最看重排名，但是美国并没有标准排名。美国很多家长除了会参考各种排名之外，还要确认自己的孩子和想去的学校之间的匹配度。在选择学校的时候，美国的大学有很多类型，比如有文理学院、公立大学、私立综合性大学，甚至还有女子学院、军事学院等。

对孩子来说，什么才是“适合的”大学？美国的家长们会看孩子想申请学校的学术实力如何，关注自己孩子未来毕业之后的职业规划等。学校的地址也是家长们考虑的因素，比如是不是选择离家近的学校？学校在市中心大城市，还是在比较偏远的地方？东海岸和西海岸的大学，就不甚相同，甚至美国南部的大学也有很不一样的特点。在选择学校的时候，家长们会试着选择一个孩子们读得开心、舒服的学校，这样结果也会令人满意。

替孩子做出选择可能会成为他被名校拒绝的原因

中国和美国家长还有一个区别：中国的家长可能会为自己的孩子决定去哪个学校读书，而美国的家长会将选择权交给孩子。美国的孩子会自己决定他要去哪所学校，学哪个专业。美国家长和学校都很重视培养孩子独立思考的能力，他们希望孩子可以分析问题，自己找到解决问题的办法。

如果一个学生在接受美国大学面试时，被问道："为什么要到这个学校来？"若他的回答是："我父母帮我决定的。"那么他很有可能被拒绝。美国非常重视个人的独立思考能力和探索能力，而非只是依靠父母和学校。

"分数决定论"在美国不好使

中国的家长非常重视分数。分数虽然很重要，但是美国好的大学录取的时候不仅看分数。美国大学主要看三方面：

第一，学术成绩；

第二，课外活动；

第三，个人素养。

申请美国大学时，学生需要在这三方面展现取得的成就，仅仅分数好并不能保证被好的学校录取。通过去年哈佛大学录取的数据，我们看到大概有将近4万人申请哈佛，只有2100人被录取，在被录取的2100人中间，最终入学的只有80%，也就是说在被录取的学生中间，有20%的学生最终没有选择到哈佛读书，而是去了其他学校。哈佛最终的入学率是80%，普林斯顿大学是60%，其他很多美国学校是低于50%的。

为什么说光有分数不行，因为分数高的人太多了。在哈佛的申请者中大概有3000人SAT基本是满分，只有2100人被录取，被录取的人比获取SAT满分的人还要少，且平均SAT单科的成绩都是在750分左右。也有一些孩子，阅读在700分以下，也进了哈佛。所以光有分数是不行的，申请者需要在课外活动和个人素养上也有突出的表现。

除了分数之外，课外活动也是非常重要的。美国有一个谚语，翻译成中文是：只学不玩，聪明的孩子也会变傻。一个孩子除了学习之外，还要能够找到有意思的事情做，要做到既会学习也会“玩”。若是只会学习，其他什么都不会做，美国人会觉得此人非常无聊。哈佛、麻省理工学院（MIT）等其他名校都想要好学生，除了会学习之外，他们还会做其他有意思的事情。

前些年，我在中国遇到一个家庭，他们的女儿SAT成绩满分。孩子的父母问我：“为什么我们都得满分了，却没有被哈佛录取？”实际上，她没有被任何如常春藤、MIT、斯坦福这个级别的学校录取。

我说：“好，等我回到哈佛，帮你问一下哈佛的招生办，问一下我的同事到底怎么回事。”我问了哈佛招生办主任和几个招生官，他们的回应是，虽然她的分数非常好，但她其他什么都没做。哈佛想招的，是能够在课堂里和其他学生有很好的互动、形成友谊，能够成为哈佛校园里非常有价值的一分子的学生，而不光是一个只知道在图书馆里看书，在家里学习的孩子。

选专业：在职业发展与兴趣中寻求平衡

中国家长会为孩子选择专业，而且都会有非常实际的考虑，希望他们在未来能够拿到一份高薪水的工作。举一个我自己私人的例子，我妈妈希望我弟弟成为一名医生，逼他进入了医学院。虽然我的弟弟最终成为一名医生，但他还是非常讨厌这个职业，所以最后选择放弃，成为一名咨询顾问。

有时，让孩子自己思考他们想做什么，想选择什么样的事业，是很有意义的。

哈佛的毕业生很多，举几个大家都了解的例子。

扎克伯格，Facebook的创始人，并没有完成他在哈佛的学位，就开始创业了。

马友友，从哈佛毕业后，成为大提琴的演奏家。如果他的父母一直要求他学习科学或者商科，可能就不会有今天的马友友了。

林书豪，NBA的球员，如果父母一直要求学习，可能他不会有今天这么成功。

纳塔利·波特曼，电影《黑天鹅》的女主角，从哈佛毕业后，成为演员。也许她的父母说华尔街是更好的选择，但是她决定去的是好莱坞。

给中国家长的建议

给孩子选择的机会，让他们发现自己真正热爱的事情，遵循自己的内心做出选择。

带孩子亲自到美国看看那些喜欢的学校，感受校园的氛围，也许他们就会发现自己是否适合在这个学校里学习了。

学校的网站是很好的了解信息的渠道。

大多数美国学校，在中国都有校友会的分会，可以联系到他们，和校友了解他们在学校生活的样子。

好奇心真的会害死猫吗?

〔美〕Sally Champagne，哈佛大学
本科招生委员会前高级招生官

“好奇心害死猫”是起源于莎士比亚时代的古老西方谚语，警告人们不要做没必要的调查或实验。这句话也与当下的青少年如何获取竞争力有关。

好奇是激发学习的种子

好奇心是促使人类主动学习的种子，也是我们获得竞争力的根源。与生俱来的好奇心使我们能够深入研究各种问题，并提出一些棘手的问题。比如：好奇心是否“杀死了猫”就是一个值得商榷的问题。

如果你们身边有3岁左右的孩子，一定会常常听到孩子一遍又一遍地问 “为什么”。3岁孩子很少对简单的答案感到满意，并且他们能够不断学习和吸收身边的一切信息。他们的头脑飞快运转着，一直思考事情是如何运作的、为什么会这样。同时，他们也不怕反复尝试和犯错。当孩子渐渐长大，会通过反思把学到的东西整合在一起，并重新思考是否能做得更好。

虽然好奇有时会让我们陷入麻烦，但它也可能点燃学习之火，最终成就一个有意义的职业生涯和充实的生活。好奇和提问是教育的根本，好奇心打开了我们心中的窗户，老师们可以通过提问来激发孩子的学习热情。学习是一种积极的追求，它有多种形式，机会是无限的，没有人为学生的发展固定方向。当我被问及中国青年学习者和未来学者应该具备什么样的能力时，我觉得我们需要从源头——好奇心开始。教师和家长培养孩子的好奇心，培养他们的探究能力，像农夫一样让孩子的想象力开花结果，之后继续思考在未来需要具备的技能。

美国教育中的协作式学习

在美国的一些地区，教育趋势是在课程中进行合作学习。学校之所以在早期教育中就开始培养学生的合作学习能力，是因为合作学习可以帮助学生发现新的方法和视角。学生们在这其中互相学习，不只一种观点被表达，而是许多观点融合成一个共同的目标。

在21世纪，为大学及以后的成功做准备，也意味着学习如何利用最先进的技术来最大限度地提高学生的学习体验。孩子们学习如何深度利用技术进行交流、解决问题、研究和批判性思考；学校开发能够打破教室限制的沉浸式项目，允许教师和学生以新的、强大的方式协作、交流和创建内容。

比如1930年在菲利普斯埃克塞特学院创立的“哈克尼斯教学法”（The Harkness Method），由12名学生与1名教师组成一个小组，通过话题探讨来培养学生表达的勇气、愿意倾听的同情心和理解他人的同理心。这种协作解决问题和学习的方法，直到今天仍然在菲利普斯埃克塞特学院的每一门学科中使用，并且很多美国高中也在用这种方法。

学校不仅仅是传授知识，也需要培养学生终身学习的能力。掌握一门学科仍然重要，但让学生们能够有效地探索、提问、寻找答案并拥有追求智慧的激情，发展合作学习技能同样重要。美国学校系统提倡跨学科的学习方法，学生不仅可以在科学课上学习鸟类栖息地，可以在实验室用3D打印机制作鸟类喂食器，还可以在数学课上学习绘制鸟类筑巢习惯的图表。

协作学习和它所创造的开放氛围让学生们可以相互学习，这与以前的教育方式形成了鲜明的对比；同时，一些创新型公司也为员工提供了灵活的工作空间，帮助激发创造性协作，在这些环境中，团队合作受到重视。

什么样的学生更受美国顶尖高校青睐

教育的根本目的是激发学生的学习热情，使得他们热爱学习本身。作为一名招生官，最令人沮丧的是阅读到一份已经失去学习热情的申请；最令人兴奋的是阅读到一份申请，它充满了学习热情，甚至让人感受到那份几乎跃出文字的热爱学习的能量。

什么样的学生更受美国顶尖高校青睐呢?

1．优秀的申请需要引起招生官的兴趣

当招生官打开新的申请材料时，姓名、性别或学生来自何处并不会引起特别注意，他们会通过材料的内容来确定该学生是否是一个有竞争力的申请人。比如，是否通过在高中学习最严格、最具挑战性的课程来挑战自我？在业余时间从事什么活动？如果某个学生在申请文书中说自己10岁时曾追逐过台风从而引起了学习环境科学的理想；或者某位老师推荐信写道“这个学生是我从事教育事业30年以来见过的最优秀的学生”，那都是亮点。找到引起兴趣的亮点后，他们才会更深入地阅读申请人的材料和文书，并不断加深对这个学生的印象。如果觉得越来越好，就会把这位学生选为候选人。

其实，在招生委员会中，招生官们会先选出很多候选人。比如有10个人，但最后可能只录取3个人。为了选出那3个人，委员会的成员会进行辩论。

那么，什么样的学生更受青睐？良好的测试成绩会有所帮助，但这只会让学生成为大学的“邻居”。生活中，我们会邀请邻居到家里做客，但不会邀请所有邻居。学生需要做更多的事情，才能被邀请到家里吃饭（或被录取），这些都是申请中的主观和关键部分——活动、论文、推荐信和面试。

作为哈佛的招生官，在我离职的那一年，申请哈佛的大约有34000名学生，只有2032人被录取。在申请者中，超过14000人在SAT批判性阅读测试中得分700或以上；17000人在SAT数学考试中得了700分或以上；15000人在SAT写作测试中得分为700或更高；3800人在高中班级排名第一。因为很多学生都有相似分数，所以在录取过程中，招生官不会为学生的考试和分数争论。如何脱颖而出，关键要有特别的地方。

有竞争力的大学可能期望学生具有卓越创造力、领导能力、动力、运动能力，但个人品质和性格仍然是每一个录取决定的核心。考试成绩很好，但只专注于学习成绩的学生并不会受到招生官的青睐。

斯坦福大学的招生官曾说，大学是一个求知的游乐园！大学提供的游乐场中有各种各样的游乐项目，比如过山车、旋转木马等。我们希望招进来的学生不是只喜欢坐过山车，一遍又一遍；而是进来以后各种项目都可以尝试。我们希望招收生物学家，但他同时也在乐队演奏；或者热爱摄影并对校报有贡献的工程师。我们希望这个学生有所特长，但是也有一些其他爱好。最根本的还是对这个世界有好奇心。

2. 对学习的热情最具吸引力

哈佛大学和其他顶尖名校招生的时候，会对1%特别优秀的学生不经过太多考虑就录取；绝大部分学生需要展示他的特别之处后，才被择优录取。并且，学生在申请中对学习的热情变化，也会使申请结果截然不同。

查尔斯是一个开拓自己道路的中国学生，他所在的高中之前没有人到美国留学。尽管他有很多不利条件，但是他展现了很多曾做过的事情，描述了他是如何自学拉丁语(以及英语)并开始学习古希腊语的。他对拉丁语的学习热情感染了招生官委员会，所以他现在在哈佛读博士。

还有一名来自北京叫露西的女孩，她的简历看起来很不错，引起了招生官的兴趣，但是细小的差距使她与查尔斯的结果截然不同。因为她在假期参加了布朗大学的夏校，并在微积分课得了一个B，她提交这个材料之后，对她产生了副作用。虽然这个成绩并不是申请必需的部分，但招生官认为露西可以很轻易拿到A，但是她得了B，所以最终没有录取她。

3. 好奇心比好成绩更重要

很大程度上，美国的大学并没有增加新生人数，但是来自中国的申请人数量正在快速增长，所以总体入学率稳步下降，并且会变得越来越难。

顶尖的大学招生时更关注学生的整体。他们希望寻找“短跑运动员”——能很快参与到学校中来，帮助这个社区变得更加活跃；他们也寻找下一个爱因斯坦或马云——一个充满激情和献身精神的人。考试成绩并不是所有，它只是招生官开始查看申请的起点。渴望和开放地学习新的思想，接受与你不同的新文化，并愿意参与其中，这才是吸引知名大学的关键。正如爱因斯坦说：“我既不是特别聪明也不是特别有天赋。我只是非常非常好奇。”（I am neither clever nor especially gifted. I am only very, very curious.）

的确，好奇心可能杀死猫，但我想它也会引发了进一步的探索和发现。像3岁的孩子一样，好奇“为什么”创造了所有的不同。

美国中小学生这样进行项目式学习

刘京秋，美国东华盛顿大学教育系教授，曾任东华盛顿大学教育研究生部主任、教师证书硕士项目主任，新航道家庭教育研究院特聘研究员

绝大多数美国中小学老师不会照本宣科，也不喜欢循规蹈矩地跟着课本走，更不会强调课堂坐姿；学生不必身板挺直手背后来表示在专心学习，也不需要起立回答问题，他们或站着、或坐着参加学习活动，这种活跃、积极地参与课程才是老师们的追求。

在中小学课堂上，学生们进行小组合作学习（Cooperative Learning），或跟着老师进行项目式学习（Project-based Learning，PBL），已经成为常态。

小组合作学习：老师做顾问、小组协同完成任务

小组合作学习的实践应该追溯到一百多年前教育哲学家杜威所建立的芝加哥大学附属实验小学。20世纪80年代以来，这一教学法在美国再次勃然兴起，老师们广泛应用。从教学目的上讲，它一举两得，既可以促进学生的学习效率，又有助于学生交流能力的提高。在这种学习状态中，教师的作用从知识传授者转变为教学活动的计划组织者，指导学生的学习、协

调教学过程的顺利进展、担当学习资料的咨询员。

教师选择适用于合作教学法的教学内容，确定学生小组组合，向学生讲明学习任务和完成任务的时间，然后放手让学生去做。了解学生特点的教师在分组时既做到学生各种特长的有机结合，又避免学生间的平时摩擦影响小组的活动进展。三人或四人是最佳小组规模。当学生组织起来后，第一项任务是小组人员工作分工，确保每个成员明确责任、各尽其能，如谁是组长、谁负责记录、谁负责找资料等。教师及时掌握各个小组分工情况以便随时检查活动进展。学生在完成任务中如果遇到困难，教师不是答疑者，而是指导学生探索答案，引导学生找到可以得到答案的资料，然后自己收集和分析资料得出结论。教师会巡视和督导小组任务的进展，及时发现学生间的不和谐、不合作、过于独断专行或避重就轻，并给予及时解决。作为协调者，老师召集学生开会，为他们提供解决问题的平台，但是不作判断，允许学生之间交谈，尝试确定问题的本质，取得解决问题的方法。

不要误以为合作小组的使用是放任自流，在完成小组任务的过程中，学生的学习收获和社交技能皆会被评估。有心的老师采用学生自我评估法和生生评估法，促进学生的自我反思和宽容合作的精神。这类评估不打分数，以评论为主，为的是引导学生注意合作交往技能的发展。

以社会主题为中心的课程：紧张、有趣、成效显著

以项目为中心的课程设计和合作教学法的使用成为最佳搭配。传统教育把知识分门别类，使其“高于”人类生活，也脱离了人们的日常生活；

在我们生活中，知识的运用从来不是按学科划分的，因此，接近生活的课程应该是跨学科的。

美国中小学老师喜欢以学生感受到的社会实际问题为题目来设置课程。学生和老师互教互学，课堂内外活动相结合，学生走出课堂，专家讲座请进教室，教学以单元设计。单元结束时，学生完成研究报告、作口头演讲，或参加知识和解决问题的测验。这种教学法深受学生的欢迎，因为学生们跳出了枯燥的课本阅读，进入了学用结合的过程，体验到知识能解决实际问题的甜头，由此增加了学习动力。

我们当地的一所高中曾连续两年使用一种课程，称为“走出课堂，走进科学”。

在十月的一个星期一和星期二，这所高中的60名科学课学生，组成合作小组，利用两整天的时间，在城市边的一百多顷树林里采样。学生们“全副武装”，穿上长筒雨靴、多层衣服（预防天气变化），在树林里东奔西走，采集各种样品。

树样小组采集树皮，研究树的年轮，研究当地工业发展对树林生长的影响，研究被豪猪咬过的树皮的演变；动物小组采集样品，研究猫头鹰脱下的皮，以及昆虫的种类；化学小组研究山坡斜度与土壤吸收化肥的关系；还有小组研究噪音对树林生长的影响，等等。学生把采集到的样品，拿到实验室检测、化验，立假设、查资料，用实验结果作结论。

这种课程的执行需要教师们付出热情，喜好户外活动，并拥有生物、化学、物理各科知识和运用知识的能力（美国中学自然科学课的教师，读本科时就受到理科各科的训练）。学校的大力支持，尤其是校长的坚强后盾是这个项目成功的重要因素。学校教务会帮助教师们与其他学科老师协调时间，为学生们腾出两个整天集中进行野外采样。

学校还帮助寻找财力支持和人才资源，来参加野外活动，为教师当助手。学校一共从3个企业征集到1.8万美元，用于购买化学药品和实验仪器；还请到了州自然资源部的一名员工和一位大学教授当义务顾问。两天的活动结束后，学生们都很疲劳，但很兴奋，因为采集到样品只是他们学习研究的开始，很多学生都跃跃欲试，迫不及待地去做试验，查资料，得出结论。在两天野外采样的每时每刻，教师们和校长都十分紧张，担心学生们的安全，但是学生们回来后的学习热情又使他们感到欣慰。

学期结束时，老师们惊喜地发现：学生们选了20个不同的题目，每个小组都有论文发表。活动后，一本论文集装订成册，共有近100页，保存到学校图书馆，供全校师生阅览。

学生参与州政府决策：不一般的学习

以社会主题为中心的课程，既提高了学生的学习热情，还激发了他们社会参与的积极性，学生可以用调查研究结果，向市长、州长、参众议员写信，谈自己对问题的分析，提出解决问题的建议。

几年前，华盛顿州征集讨论代表本州的蔬菜标志。华盛顿州南部的瓦拉瓦拉地区（Walla Walla）的一位初中社会学科教师，利用这一主题，引导学生了解本地的农业，带领学生提建议，实际参与了议案在州一级审批的全过程，以加深青少年们对州级政府运转的了解和理解。

三年中，学生们分步骤采取行动。第一年他们进行小组研究，确定以自己地区生产的甜洋葱为州蔬菜的代表，之后提案出台，说服本地区的州议员接受提案；第二年，全体学生分工，分别向每一名州议员讲解他们的提案；第三年，在本地区州议员的支持下，到州议会宣讲他们的提案。

在州众议会上，提案以九十五比一的优势得到支持。这时，学校、教师和学生们都认为可以稳操胜券在州里获得最后的批准。但是，州农业部知道后，表示了反对，因为甜洋葱并不是华盛顿州的主要蔬菜产品，以它为州蔬菜标志不具有广泛代表性。虽然提案没被通过，师生还是感到为州里出了主意，学生们为自己在小小年纪就履行了公民的职责并亲身参与州级制度运作过程而高兴。

皆大欢喜之外，这种带有政治倾向的教学也招致了激烈的争议。持保守观点的人以为，中小学生正在成长期，还不了解社会的复杂性，他们的政治观点不成熟，学校带领他们在教室里谈谈国事就行了，过早到社会上出谋划策是浪费学习时间。这种争议反映的是对教育目的认识的反差。只要人们的教育哲学观不同，这种争议就会继续下去。

包容与合作：开启未来人生之门的两把钥匙

谷贤林，北京师范大学教育学部教授

在讨论“未来教育的挑战：视野·素养·选择”时，我首先想到了我首先想到了美国“21世纪学习合作组织”（Partnership for 21st Century Learning，简称P21）提出的四种“学习与创新技能”（包括批判性思维、沟通能力、团队合作、创造力，简称“4C”）、五种“生活与就业技能”，也想过各种不同版本的核心素养。但是，作为一个教育研究者，作为一个家长，考虑到今天孩子成长的环境、中国日新月异的变化及其对孩子们未来发展产生的挑战，我个人认为，中国孩子应对这些挑战最缺的素养是“包容”与“合作”，因此，我把发言的题目定为“包容与合作：开启未来人生之门的两把钥匙”。

为什么是包容与合作？

心理学上的研究告诉我们，孩子的行为与父母的行为存在关联性。今天，绝大多数父母都尽其所能地满足孩子的物质需求，但在精神层面，比如尊重与包容方面，父母给予的则少很多，甚至有时对自己剥夺了孩子本该享有的包容、尊重的行为都没有意识，而且还觉得理直气壮。我们不能容忍孩子犯错误，哪怕是少一个英语字母、错一个标点符号或书写不规范一点；我们不允许孩子学这个、不允许孩子学那个……我们都希望孩子成功，也觉得这么做能保证孩子成功，但是却没有意识到，剥夺了孩子犯错误的机会，也就剥夺了他尝试、探索、通向成功的机会。

一个人只有什么都不做，他才永远都不犯错；或者只做一些简单的、常识性的、对他没有任何挑战性的事，他也不会犯错；同样，我们剥夺了孩子自己选择的机会也就是剥夺了他的自主性与责任感形成的机会。一个唯唯诺诺、缺少责任感的孩子，他怎么会成为成功者?

作为家长、老师，很多时候我们会把孩子“平庸”的责任推给孩子自己，很少反思；甚至全然没有意识到缺少“包容”对孩子成长、成才、成功的影响；更没有意识到孩子有意无意模仿、习得上一辈行为方式后，对他与他人交往、合作产生的不健康的影响。

从1872年到1875年，清政府分4批一共向美国派遣了120名留美幼童。他们当中最大的13岁，最小的9岁，到1881年项目半途中止，120名幼童中，只有詹天佑、欧阳赓两人大学毕业，其他的人一半在大学1、2年级，一半在中小学学习。除在美早亡和在中法、甲午战争中捐躯的23名幼童外，剩下的97个孩子后来都成为成功者，都是国家建设的栋梁。他们中有担任总理的唐绍仪，北洋大学校长的蔡绍基，清华大学首任校长唐国安。

当我面对这段历史时，很自然地想问这样一些问题，这些孩子为什么都能成才，现今的孩子与这些孩子相比，有哪些优势，又在哪些方面不如他们?

这120个孩子到美国后，都寄宿在美国东北部新英格兰人的家里，有的在那些人家住了十年。好几年里他们穿着长袍、拖着辫子，没有形成讲卫生的习惯，但是，那些美国家庭接纳了他们，并包容了这些。如果当时缺少包容或者接纳，他们只能被送回来，也就不可能有他们后来的成功与贡献。有时候我想，如果今天非洲、中亚、拉美一些不发达的地方有120个孩子到我们这儿会怎么样？我们有多少家庭愿意让这些孩子寄宿十年，在我们这儿受教育？这就是我为什么特别强调包容，因为没有包容就没有尊重，没有包容就没有合作，无论是对国家的发展还是个人的成功，包容的影响是一样的。

再看看与我们同为发展中国家的印度，那里的成功者又有些什么样的特质。根据全国政协外事委员会副主任韩方明先生文章提供的数据：2015年世界500强企业中，75名外籍CEO中印度籍占据10席，比如，微软CEO萨蒂亚·纳德拉（Satya Nadella）、谷歌CEO桑达尔·皮查伊（Sundar Pichai），还有百事、万事达、诺基亚的现任CEO以及跨国银行巨头花旗集团和德意志银行的前任管家都是印度人。在外籍高级副总裁（SVP）中，印度更是人多势众。那么，印度人靠什么成功？

从人口的角度来说，我们比印度人更多一点，从高等教育来说，我们接受高等教育的人数也比印度多。我们经常说，印度有种姓制度，印度在很多方面发展不平衡，有这样或那样的问题。但是，我们忽视了这些差异、复杂的现象带给印度的一个特别重要的东西，这就是让印度人学会了“包容”。印度是一个非常多元的国家，有10个大民族，100多个小民族，400多个部族。印度有7种主要宗教，在这样一个如此多元的国家生活，必须要学会包容、理解、尊重、适应他人的文化与信仰，并学会和各种各样的人打交道的能力。

这是我们孩子的劣势。

今天，无论是在中国本土的跨国企业，还是在国外的跨国企业或国际机构，都是一个多元的社会，在这样的机构里工作，既需要我们坚持自己的立场、观点、行为方式，也需要我们尊重、理解他人的一切。在一个日益全球化的时代，如果一切以自我为中心，什么都自己说了算，没有包容，无法跟人合作，不要说成功了，找一个理想的、能够胜任的工作可能都很难。在我看来，创造性固然重要，但是如果没有包容，创造性也可能会转化成嫉妒心。这类例子在中国留学生身上并不少见。

包容与合作的未来价值

当今，中国的发展深受多种因素的影响。我这里集中讲两个方面：人工智能与老龄化。

根据牛津大学卡尔·弗雷（Carl Frey）和迈克尔·奥斯本（Michael Osborne）教授的报告，随着人工智能技术的发展，未来20年，美国几乎一半的就业岗位、印度三分之二的岗位、中国四分之三的工作岗位都可能被计算机取代。这也就意味着，今天上幼儿园的孩子，他们在大学毕业之后所从事的职业有75%都不是今天的这些职业类型。但我们的学校教育是按照现在的职业类型在培养学生。去年，马云也在一次会议上说：“如果我们按照今天的方式教育孩子，我相信未来30年中国的很多孩子都找不到工作。”那么，我们该让今天的孩子学什么才能保证他们未来成功?

一直以来，我们的学校教育都非常注重“阅读”“写作”和“算术”等认知能力的培养，但智能机器早已在“阅读”和“算术”上超越了人类，在写作上也在准备超车。有这样一个案例：九寨沟地震发生18分钟后，中国地震台网的机器，写了篇新闻稿，用时25秒。稿件用词准确，行文流畅，且地形天气面面俱到，即便专业记者临阵受命，成品也不过如此。而且，机器可以不吃饭、不休息。那么，未来教育到底该教学生什么才有助于他们成功呢？

面对这个问题，我想到了100年前，当机械力和电力代替人力、牛力和马力的时候，那时候教育是怎么应对的？虽然机器代替了人力，但是它没有办法代替脑力，所以，世界各国，尤其是发达国家的教育开始对人脑下功夫，重视学生的智力开发，这使今天的社会比以往更加繁荣、富裕。今天人工智能虽然能够逐渐代替人的阅读、计算、写作等方面的能力，但是，它无法代替学校教育的社会化功能，不能代替人与人之间的合作，不能代替我们相互之间的包容、同理心，更不能代替我们之间的交往。在我看来，这些就是未来教育的着力点，这也是我为什么特别强调包容与合作，因为这是人工智能代替不了的。

老龄化是另一个世界性问题。据统计，未来30年，全世界60岁以上的人口将增加一倍，80岁及以上的人口将是今天的3倍。欧洲60岁以上的人口将超过总人口的1/3。同时，未来30年，中国退休人口将超过6亿。除了欧洲跟中国这样的国家，日本、韩国、新加坡也是如此。进入老龄化后，如果一个国家适龄的劳动力不足，要维持正常的经济发展、社会运行就需要到其他地方引进受过教育的青壮年劳动力，如果我们国家“二孩政策”的出生率不如预期，也只能通过这种方法来解决发展问题。今天世界人口增长最快的是非洲。

对我们来说，有两种可能：今天很多家长会说“我家孩子在北京、广州、上海、重庆、西安工作”，到时候可能变成“在巴黎、柏林、慕尼黑、法兰克福、伦敦工作”；有很多来自非洲、东南亚、南亚的与我国同龄人在各方面都不一样的青年在中国很多大城市从事生产与服务性的工作。

不管哪种情况，都离不开包容与合作，否则，无法友好相处，不仅不能给社会增加财富，反而会为解决冲突消耗社会资源。包容与合作影响到未来国家的发展、经济的发展，影响到未来每个人的生活。

在哪儿教孩子学会包容与合作

与家庭教育相比，学校教育具有目的性和系统性。今天，至少在相当多的城市里，孩子在学校里的时间比待在家里与父母在一起的时间更长。因此，让孩子学会包容与合作，学校责无旁贷。

1. 开设跨文化课程、实行跨境交流

中国有句俗话说“百闻不如一见”，在西方，也特别强调通过体验式教学让学生在感受、理解、联想等心理活动中产生某种情感反应。互联网技术的普及与教育国际化为我们设置跨文化的课程提供了便利，而日益富裕的生活也为孩子跨境交流提供了可能。让来自不同国家的孩子坐在一起面对面地交流，相互观察彼此的一举一动，如此，他们对彼此的行为、思维方式、文化理念、价值观的理解要远远比从书本上学到的直观得多、印象深刻得多。

2. 重视游戏、体育课的作用

无论是作为家长，还是作为老师，我们都有这样的经历。我们不断地提醒孩子，要学会包容他人，要与同学搞好关系、多与同学交流、合作，但

是，孩子有时就是做不到。主要原因是我们对“游戏”和“体育课”重视不够，不知道“游戏”和“体育课”能够让孩子亲身体验相互谦让、包容、合作的重要性，不知道只有当孩子在反复循环的游戏与体育活动中，把这些要求内化成自己的行为习惯、品质时，它才会随时随地地产生作用、发挥影响。否则，可能是这次要求做到了，下次就不一定。

最后，我想说的是：在全球化时代，我们教给孩子“包容与合作”比留给他们物质财富，更能帮助他们打开通向未来成功人生的大门！

培养具有全球胜任力的中国青少年

胡敏，新航道国际教育集团董事长兼CEO，新航道全球胜任力研究中心主任，南京师范大学、上海师范大学、华中师范大学等多所高校兼职教授和山东大学硕士生导师

这些年以来，我们在学习、生活和工作等方方面面不断感受到全球化和科技进步带来的冲击。在新时代背景下，如何培养孩子成长为具有健全人格、善于创新思考的国际化人才，正在成为越来越多中国家庭的重要议题。虽然目标似乎是明确的，但如何实现，正在成为家长们的新一轮焦虑，甚至似乎在社会层面出现了家庭教育问题的井喷。

新航道家庭教育研究院用三年多时间，进行了多项调研工作，整理出9个类别共300多个家庭教育问题。在这些调研基础上，我们开启了服务家长的“向日葵国际教育”系列工作，包括对核心素养、全球胜任力、项目式学习等主题的专题研究，以及基于研究的讲座、沙龙、工作坊、读书会和国际教育论坛。

越来越多家长的关注，让我们为自己做的工作感到开心和骄傲，同时也让我们感到紧迫和压力——在时代的潮流里，我们不断追问和思考：作为家长，如何培养孩子，才能帮助他们更好地适应未来的生活和工作？我想从三方面，谈一谈个人的想法。

当下与未来的挑战

“未来的挑战”，既包括全球化带来的挑战，也包括人工智能发展带来的变化。

如果说传统的古典全球化，从2000年前的丝绸之路到500年前的大航海运动，是通过贸易让世界各地的人身体相遇，那么今天以互联网连接起来的“地球村”，则让人们处处相遇；“一带一路”的伟大倡议，更将全球化概念推进到3.0，其动力是互联互通，其法则是包容天下，天涯若比邻的全球化时代已经到来。

在这样一个时代，我们看到，优秀的学校在全球招生，优秀的企业在全球揽聘人才；反过来可以说：孩子的学习跨越了国界，国际化人才的成长之路向更多人开放，更多个体拥有机会进行全球化学习、工作，与遥远空间的人交往、合作；当然，竞争也变得不再局限于一时一地。

如果说全球化是当下的时代特征，那么人工智能则是面向未来的关键词——这个起源于计算机科学的分支，正在加速走进我们的日常生活。据媒体报道，它入选了“2017年度中国媒体十大流行语”。

人工智能研究的一个主要目标，是使机器能够胜任一些通常需要人类智能才能完成的复杂工作，这就意味着，它在很近的未来就会“威胁”到人类的工作。影响有多大？根据公开报道，专家们的估计有一定差别，但共识是：在未来的10—20年内，随着机器学习快速发展，人工智能会在各个领域大面积使用，许多重复性劳作、简单的脑力和体力劳动，未来交给人工智能去做的可能性是很大的。

培养孩子成为具有全球胜任力的中国青少年

纵观世界，我们享受着科技引领的全球化和技术进步带来便利的同时，也面临着许多颠覆性的挑战，这些挑战，我们这一代人需要应对，对下一代的影响更大。

最简单来讲，如果我们的教育还是以应试背诵型为主，即使再努力想把孩子逼成考试机器，他们也比不过真机器。那么不远的未来，他们就会面临失业的风险。因此，教育的目标、内容与评估方式，正在世界范围内发生改变。

2017年12月12日，经济合作与发展组织（OECD）在美国哈佛大学正式发布PISA2018“全球胜任力”评估框架，这次发布的内容，在2016年的基础上有了新的发展，并对全球胜任力给出官方定义：

全球胜任力是指对地区、全球和跨文化议题的分析能力，对他人的看法和世界观的理解和欣赏能力，与不同文化背景的人进行开放、得体和有效的互动的能力，以及为集体福祉和可持续发展采取行动的能力。

我跟大家分享一个身边的例子。在我们新航道学校有这样一位女同学，她自幼热衷公益与环保事务，高中时参加了环保社团，为学校建立了三个废旧电池回收处、可回收物垃圾站，孜孜不倦地做了大量分类垃圾知识宣传。今年，临近大学毕业时，她报考了全美排名前十的杜克大学数据分析专业的研究生。她这样跟我们说：“现如今是信息爆炸的时代，人们的一言一行都会产生数据，这就给大数据应用到环保提供了可能。”她希望通过学到的知识，助力祖国乃至世界环保事业的发展，大到利用数据进行污染溯源、风险评估，小到一次性餐盒的使用、环保出行等各个领域、各个方面。

从她身上，我看到全球胜任力从知识到技能、从态度到价值观的每一个维度如何萌芽、生长，帮助她学习如何参与全球化和跨文化的生活，欣赏文化的多样性并从中获得成长的养分，然后改变在她和她周围的人身上发生，从内心到行动。

做孩子的榜样与陪伴者

智慧的父母善于用言传身教影响孩子，和孩子一起学习、共同成长，成为孩子学习路上的榜样和陪伴者。这是老生常谈，但即使在全球化和人工智能时代，这仍然是我坚信的道理。

《中国教育报》今年（2018年）2月4日发表过我的一篇文章《家长这样做 孩子成绩好》，主要是讲如何陪伴孩子学好英语，其中我讲了父母的五种身份：

- 发现者：兴趣是最好的老师，父母要主动挖掘孩子的兴趣和潜能；
- 培养者：科学地培养孩子的学习习惯，至关重要；
- 参与者：家长适度参与，能激发孩子的学习动力；
- 引导者：父母是孩子的第一导师，要起好带头作用；
- 陪伴者：做孩子成功路上的陪跑者，而不是看客。

在培养孩子应对未来这件事情上，我们可能没有办法做得像英语学习这么细致，因为未来有很多未知，技术的更新换代和转向非常迅速，具体的知识和技能在加速更新；其实，更大的危机还在于要警惕自己成为被时代抛弃的人。

但是道理是相通的，如果作为父母的我们，善于自我学习与成长，始终在追求自己梦想的路上努力前行，便会成为孩子敬爱和信任的榜样；同时，我们也才拥有了陪伴孩子成长的能力，在他们需要的时候，不但能给予爱与关怀，还可以带给他们基于全球的视野和格局，陪伴他们成长为具有全球胜任力的中国青少年。

3

核心素养

批判性思维

终身学习力的两个核心支柱：开放的心胸、批判性思维

高益民，北京师范大学国际与比较教育研究院教授、副院长

所谓全球化的人才，无非是能够适应全球化时代社会发展的人才。当前从国际热到国内的“国际人才核心素养”，已经有很多研究，仁者见仁，智者见智。我认为有两条特别重要，一条是开放的胸襟，一条是批判性思维。有了开放的心胸，才会接触丰富多彩的事物，才会接纳和团结不同的人；而有了批判性思维，才会对这些事、这些人进行评估，从中选择有利于自己发展的那些方面。前者是“善于肯定”“善于接纳”，后者是“善于否定”“善于甄别”。两者要综合运用。

开放的胸襟是一种学习接纳不同人、不同事、不同观点、不同方法、不同价值观的一种能力。它是一种善于肯定的能力、肯定别人的能力。没有这种能力，不可能去看世界，也看不到世界。有的人心胸不打开，即使在另一个国家生活十几年，也看不到那个世界。

批判性思维是一种评估的能力，是一种反思的能力，是一种甄别取舍的能力。它是一种善于否定的能力。这个事情对不对、为什么对、为什么

不对，是通过批判性的思考，重新建构自己思维的一种能力。

开放的胸襟首先是非常善于接纳不同的意见，倾听不同的意见，等候不同的人；而批判性思维，是对任何事物都有一定的怀疑，都要进一步思考的能力。这两种能力看上去是相反的，但是实际上是相辅相成的，是我们都需要的两种非常重要的能力，是一个人终身学习力的两个核心支柱。

我们现在的教育虽然有很多优点，亦有不少问题，其中一个问题就是，在培养开放的胸襟和批判性思考方面做得不够。若我们的教材、教学方法、追求的目标，追求统一答案，甚至追求了解统一答案的过程也需要一致，如此就不可能有开放的心胸，因为不存在不同说法让学生去接纳，当然也不会培养批判性思维。

美国强大的包容性最高程度地激发了个人的创造力

美国之所以能够有可持续的创造性，一个很大的原因就是它具有很大的包容性。那么多的肤色，那么多的语言，那么多不同的民族和种族，融合在一起。从小生活在容忍和宽容不同的环境中，对孩子成长的影响很不一样。我自己到美国做过一段时间访问学者，把孩子带去读了一段时间书，他的班里有不同肤色的小学生，这种体验对他的成长很有益。

我的日语说得比英语好多了，但是我在日本还是经常很紧张，因为日本整体的文化是要创造出团体、集体的最大力量，为此需要压抑一些个性。大家都很担心“我做的和大家是不是一样？”“我是不是违反了组织的目标？”“为什么大家都这样我不这样？”一旦跟别人不一样就很担心。

相反，在美国，虽然我的英语比日语差多了，但是我生活得很愉快，因为人人都包容我。甚至听到比我英语更差的，美国人觉得也很正常，因为“我们就是这样一个社会”。美国能够最高程度地激发每一个人的活力，把每一个人最好的一面、最擅长的东西展现出来，这是美国拥有的力量。

人大附中在美国办了一个分校（高中），有一个孩子到了美国，我跟他有这样一段对话。

我：到美国学习有什么感受？累不累？

他：很累。

我：什么最累？

他：学文科最累。

我：文科不是很好学吗？年代背一背，名词解释、解答题背一背，最基础的一种能力，记忆力。

他：不是，我在高中学历史，比如学美西战争，美国和西班牙为什么发生这场战争，战争当中什么事件最后决定了战争的走向，大家都得自己查资料，然后把论证的课题和史料提出来，老师根据学生的论证进行打分。

所以，有的人批评我们国家的文科不培养思维能力，如此说比较刺耳，但是在一定程度上还是有道理的，我们的文科在培养人的思维上、培养人宽广的胸怀和批判性思维上，有很多东西需要向别人学习。

知识从书本上来，见识要从实践中产生

现在是一个全球化的时代，进行国际教育资源的配置已经成为可能，而且是非常容易了。国家的机会在增多，个人的机会也在增加。“读万卷书行万里路”，是人生中不可缺少的两个重要方面，现在“行万里路”是真

正的行万里路，可以行到国外去了。

美国教育家约翰·杜威说“教育是经验的改造”，还说要“做中学”，就是特别强调了直接经验的重要性。知识可以从书本中来，见识则需要实践的支持。读书很重要，否定读书是不对的，但毫无疑问，在实践中长见识是非常重要的。在孩子的青少年时期，应当让他们增广见闻，也就是增加和丰富实际的生活体验。有了这些实际的生活体验，书本上的那些东西才能活起来，真正变成自己的东西。现在很多家庭有条件把“读万卷书”和“行万里路”结合起来，还能让孩子“行万里路”去“读万卷书”，或者边“行万里路”边“读万卷书”，这对孩子的成长非常有益，见识多了，眼界也不一样了。

现在我们把孩子们送出国，除了要一定的客观物质基础，另一个很重要的方面是家长的精神条件。家长作为成人，能不能够放下身段，能不能够以开放的胸襟和批判性的思维和孩子一起成长，非常关键。

在把地球作为孩子成长舞台的过程中，一个非常重要的事情是家长能不能享受这个过程——能不能享受把孩子送走？能不能带着孩子走，享受和孩子一起走的过程？能不能与孩子一起，也把地球作为自己一生成长的舞台，是决定我们能不能把孩子培养好的重要条件。

文理教育在家庭教育中的作为

——培养孩子批判性思维

〔美〕John J.Liu，美国日内瓦文理学院教授、中国关系学术总顾问

家庭教育是教育的起点

《哈佛通识教育红皮书》里面有一句话提到，培养人的一个最基本标准，就是让他学会说话，形成各种良好习惯，例如阅读、运动、团队合作、感恩，培养一个有情怀的孩子。这与现在大家广泛讨论的核心素养不谋而合。

那么，如何培养我们的下一代具备国际人才的核心素养呢？在我看来，家庭教育是整个教育的起点。家庭教育是所有教育中最早期也是最重要的一种教育形式，它对孩子的思维模式和世界观的形成起着至关重要的作用。对一个人的教育好比一棵树，家庭教育是树的根，树能够长多高，取决于它的根有多深。

全人教育——文理教育和家庭教育的交集

家庭教育的本质是要把一个自然人培养成一个社会人，最终成为对社会有贡献的人。那么家庭教育不仅要在智力方面培养孩子，还要注重其人格与心智的发展。

文理教育的目标之一，是要培养合格的社会公民，以提高整个社会的理智和心智水平，在健全人格的基础上，促进人的全面发展，让个体生命的潜能得到自由、充分、全面、和谐、持续发展。

这就是家庭教育和文理教育共同追求的目标：全人教育。如果说，全人教育是家庭教育的使命与培养目标，那么文理教育就是实现该目标的重要手段。

什么是文理教育？

文理教育（Liberal Arts Education）即博雅教育，又可译为通识教育、人文教育、通才教育、素质教育等。文理教育是为培养学生的学习欲望、训练批评性思维、有效的交流以及公民义务能力而建立的教育体系。

文理教育的特色是有一套灵活的课程，供学生选择，要求学习的内容不仅要有深度还要有广度；它交互性地以学生为中心的教学法要求学生在课堂内外直接使用批判性的读本。

文理教育与职业教育不是对立的，而是硬币的两面，专业教育中的内容要不断丰富到文理教育当中来，成为文理教育的内容。同时，文理教育并不局限于高等教育，它贯穿教育始终，存在于家庭教育、学前教育、基础教育和高等教育等各个方面。

古希腊时期，柏拉图在《理想国》中提到的“自由七艺”，即文法、修辞、逻辑、几何、天文、音乐、算术，这是文理教育的基础和核心。

在东方，文理教育的传统可以追溯到先秦时代的“六艺”，即礼、乐、射、御、书、数，和汉朝以后的儒家教育；六艺教育注重综合知识和技能，而儒家教育偏重人格和人文质素。

批判性思维——文理教育的核心

“批判性思维”这个词在西方最早可以追溯到苏格拉底，即使是现在，它也是西方教育界的热门话题。各大国际组织与国家设定的核心素养框架中都包括批判性思维这一热门议题。

举例来说，经济合作与发展组织在PISA 2018中增加“全球胜任力”测试，其对全球胜任力的定义，就包含批判性思维：

• 从多个角度批判地分析全球和跨文化议题的能力；

• 理解差异是如何影响观念、判断以及对自我和他人的认知的能力；

• 在尊重人类尊严的基础上，与不同背景的人进行开放、适宜、有效互动的能力。

在美国，哈佛大学对文理教育的定义中提到：“它使人反思自己的信仰和选择，使人的自我意识更加鲜明，让人批判性地看待自己先前的假设和动机，更具有创造力地解决问题，更深刻地认识周围的世界，以及更完善地应对每个人可能遭遇的生活的、个人的、职业的和社会的问题。”

从这个定义，我们可以看出，文理教育要培养的是一个能够批判性思考社会问题的人。

在东方，相信大家也不陌生，大家都知道屈原的《天问》，屈原先生对阴阳变化、日月星辰等自然现象发问，一直问到神话传说乃至战乱兴衰等，这其实就是表现了屈原对某些传统观念的大胆怀疑，充分展示了他的批判性思维。

当批判性思维应用于经济领域，产生了亚当·斯密的《国富论》；

当批判性思维应用于对国王王权的传统的批判，产生了《独立宣言》；

当批判性思维应用于人类思维自身，产生了康德的《纯粹理性批判》；

批判性思维应用于对资本主义问题的研究，产生了马克思、恩格斯的《资本论》；

批判性思维应用于文化领域中，导致了人类学研究领域的建立；

批判性思维应用于语言，产生了语言学领域。

批判性思维是文理教育的核心。文理教育就是通过大量的阅读培养学生广博的知识面，鼓励学生批判地、怀疑地对待所学的知识和接触到的事物。这正是文理教育应当在家庭教育中所起的重要作用。

如何培养孩子的批判性思维？

我们可以身体力行地做一些事，家长们如果能把下面这些问题带到每一天跟孩子的交流当中，带到每一天与学校的交流当中，孩子的思维模式、人文情怀、学习能力和学习兴趣一定会有很大的提高。

多让孩子问为什么。一定不要让孩子被动地接受我们大人强加的观点，多问问为什么，对任何事物都保持新鲜感和兴趣。

对待观点要质疑。不要人云亦云，要让孩子对你的观点提出质疑，然后经过论证进行判断。

学会反思自己。每个人都是不断地反思自己，不断地完善自己，不断地成长的，所以一定要教会孩子反思自己。这里给家长一个小建议，让孩子养成写日记的习惯，思考自己每天的生活。

学会辨别事情的真伪。对事情进行批判性的分析是很重要的，不然会得出错误的结论。当获得资料的时候，我们的孩子需要问自己这些问题：它们是哪儿来的？怎样得来的？为什么要用它们？

教育不仅是知识的传授，还是对人的心性的养育和习惯的养成。不管在家庭教育还是文理教育中，我们都要养成孩子批判性思考的习惯和能力，这样我们的孩子才能在未来的国际竞争中立于不败之地。

阅读素养

如何让孩子爱上阅读？

朱燕，海淀外国语教育集团执行总裁、执行校长

我这个年龄段的家长，在我们孩子小的时候，可能会指导他们读《格林童话》《安徒生童话》《十万个为什么》《一千零一夜》等这类的书，在这个过程中，发展孩子的语言能力，也希望他们从此爱上阅读，我女儿就是从小读着这些书长大的。

高中时，女儿去了英国读书，读完本科，研究生学的是教育领导力，偏文的专业，在写论文时，她遇到了难题。

她跟我交流：

妈妈，我在中国学习了9年英语，在英国学习了6年英语，但是现在写论文的时候，却写不出当地人的感觉，这是为什么？

我跟她分析：

其实你缺少了一个过程——读英文童话，缺少了阅读的积累。阅读实际是输入的过程，写作是输出的过程，没有输入，写起来就会比较困难。我们常说“读书破万卷，下笔如有神”就是这个道理。

交流以后她开始行动，三年前开始阅读英文小说，三年后统计了一下大概读了30本左右，最近刚刚读完的是《基督山伯爵》。她很自豪地跟我说："这本书我就不推荐你读了，因为你读不懂，这本书相当于我们的文言文。"后来我翻了翻，确实读不懂。

分享我女儿的故事是想和大家说，对于孩子或者家长本人，无论什么时候开始培养阅读习惯都是不晚的。

孩子通过微信进行"碎片化"阅读，要纠正吗？

现在，我们会面临一种新的情况——就是孩子们经常会使用手机，通过微信进行"碎片式"阅读。我们有些家长可能希望孩子可以静下心来，踏踏实实地对一本书进行深度阅读，面对这种情况，心中暗暗着急，不由得想要纠正。其实，如果我们强迫孩子改掉这个习惯，可能不见得有效，因为现在孩子都很有自己的主见和观点。

我的想法是，碎片式的阅读和整本书的阅读，实际上有一个转换过程。我认为这两种阅读都是非常有意义的，都能够让孩子积累阅读，以及扩大知识面，所以都是可以的。待到孩子爱上了阅读，他自然会捧起一本书进行深度阅读。

如何让孩子爱上阅读？

可能有一些家长说自己的文化水平不高，或者不懂教育，或者专业领域不是阅读这个部分。其实这些都不重要，重要的是家庭要给孩子创造一种阅读氛围，父母能够有意识地，时常带孩子走进阅览室、图书馆，这样就会很好。

我的同事经常会给我推荐书籍，也会给我推荐书店，有一些书店让人在踏入的时刻，就深深被吸引。家长经常带孩子到这些有特色的书店，既是一种旅游，也是一种阅读的修行。

刚开始阅读的时候，我们可能带着一些功利性的目的，比如要让孩子获得一些知识、学习英语，或者应对考试。但是坚持阅读一段时间后，家长会发现孩子的品行、三观、道德，在这个过程中都发生了非常大的变化。孩子在收获知识的同时，亦带来了人格等方方面面的改变。

其实阅读是花钱最少、收获最大的一种投入。如果您和孩子能够坐下来，在自己家中，或者一个优美的地方，读一本自己喜欢的书，这个过程可能远比听老师上一节课更有收益。因为在一节课中，老师讲的内容，通常三分之一都是孩子已经懂得的内容。那么，这三分之一的时间其实就是浪费了的。我提倡和鼓励家庭培养孩子的阅读习惯，家长有时间多跟孩子一起读书。

最后，我想说的是，读书是一个缓慢的、潜移默化的过程，不是一蹴而就的，如果家长和孩子能够把这个习惯培养起来，这是一个让人身心愉悦的过程，我也希望有更多的家长和孩子享受这个过程。

阅读是一种奇迹

〔英〕Thomas Hayton，麦克米伦全球教育集团前亚洲区总监

当孩子为了兴趣而读书的时候，他们会无意识地自然习得几乎所有人们关注的语言技能。当我们读书的时候，读写能力必然会得到发展。

——斯蒂芬·克拉申（著名美国语言教育家）

阅读本身就是一种奇迹。读得越多，阅读能力越强，越有创造力和想象力，在其他方面的表现会越好，在未来生活中的表现也越好。简单地说，就是阅读对我们很重要。

阅读要注重材料多样性、个性化和信息输入的方式

我有一个女儿，戴安娜，今年4岁。像很多人一样，我很忙，经常要去各地出差。怎么做才能最大限度地利用我在家的时间，让她读更多的书呢？我的方法是让阅读填充她的空闲时间——除了周末的阅读，睡前故事就是戴安娜阅读的时间。

很显然，我们不能期盼让孩子读更多书的奇迹在学校发生，必须让孩

子在家多读书。作为父母，需要有一个系统带领孩子读书，我们一直在用的是“VIP原则”即多样性、输入和个性化三个方面。

“多样性”（Variety），如果我们将阅读局限于阅读本身，可能会很枯燥。阅读的内容不仅仅是文学，可以读杂志、报纸，也可以上网。所以阅读，不再是单纯地读书，而是阅读种类多样的材料。

“输入”（Input）的方式有很多，可以边听边读，也可以先看视频、卡通片，再阅读同样主题的书籍。我们可以尝试各种方法让阅读充满乐趣。

“个性化”（Personal）是指，我们需要根据孩子的特点，让阅读变得更加有趣。对于个性化，有很多方式可以尝试，例如表演一个短剧。

注重阅读材料的多样性

为了平衡阅读内容，我们可以进行混合型阅读，比如小说、科普类文章。家长可以给孩子展示各种各样的书籍、杂志，在阅读的过程中，和孩子一起讨论其中的内容，或是学习语言。

除了戴安娜，我还有一个儿子约翰，今年6岁，很喜欢火山和鲨鱼。对他来说，卡通漫画就是很好的阅读材料。

有人觉得卡通书不是严肃的读物，不适合用来教孩子知识，我觉得这很不可思议。当我们和孩子一起读书的时候，可以问他们许多关于漫画书上的问题，这可以帮助他们更好理解文字的含义。即使是青少年，漫画也是激发他们英语学习兴趣的一种手段。因为在学英语时，他们可能会觉得枯燥、无聊，所以我鼓励家长多使用漫画和连环画，试着让学习变得不那么严肃。

用问题提高孩子的思维能力

在家里，我是一个父亲，也不希望把自己变成老师，但是我有责任培养孩子们的创造力和想象力。如何在阅读中通过问题引导，提高孩子的思维能力？

说到这里，我想先介绍布鲁姆的教学目标分类学说，每一级的目标都是建立在前一级的基础上。

记忆（Remember）——最低级别的目标。对戴安娜来说，记忆和让事情井然有序是很难的事情。

理解（Understand）——理解什么时间、地点以及为什么等问题。

应用（Apply）——我会试着让戴安娜站在别人的位置，问她的感受是什么。她很喜欢我和她之间的这种互动方式。

分析与评价（Analyse & Evaluate）——分析谁是好人，谁是坏人，为什么，你是怎么评价的。

创造（Create）——最高级别的思维，接下来我会用举例详细解释。

在这个结构中，记忆、理解、应用属于低阶思维技巧（Lower Order Thinking Skills，简称“LOTS”）；分析、评价、创造属于高阶思维技巧（Higher Order Thinking Skills，简称“HOTS”）。

我是如何培养孩子“LOTS”和“HOTS”的呢？

戴安娜非常喜欢小红帽的故事。最开始给她讲这个故事的时候，我先问她：“小红帽的故事是什么样的呢？”引起她的好奇后，打开书，和她一起看故事是如何发生的。慢慢地，戴安娜就记住了这个故事。这就是低阶思维中的“记忆”。

接下来，我就会问她：

“为什么小红帽要去她的外婆家呢？”

“故事里的大灰狼想要干什么？”

“噢，不好啦，大灰狼想要吃了小红帽！如果你是小红帽，这个时候，你会做什么呢？”

“如果你这样做，你觉得接下来的故事会如何发展呢？……”

渐渐地，戴安娜的思维方式就发展到了高阶思维技巧，她会自己讲述一个不同的故事，为故事的发展编写另一个结局。这就是最高级别的思维能力——创造力，它不再仅仅是阅读。阅读已带领孩子进入文字以外想象的世界。

运用不同感官进行输入

就感官输入信息的方式而言，听和读，或者是边听边读，都是很好的方法；看一段故事视频片段，也是一种激发兴趣的好方法。当然，输入的方式有很多种，我和戴安娜会采用的一种方式是——把故事表演出来。比如，在读小红帽的时候，我扮演那只大灰狼，戴安娜扮演小红帽。这种方式真的很有趣，同时会让戴安娜仔细思考故事的发展。

我的妻子是台湾人，在家中她会用英语和汉语跟孩子们交流，这让戴安娜练习说英语变得有些困难。表演故事，可以让戴安娜练习英文，因为对她来说，这是和爸爸一起做的事情。各位家长也可以在家试一试，和孩子约定一个用英语讲故事、表演故事的时间。

表演英文短剧、听英文歌曲、使用互联网、看电影，都是帮助孩子进行阅读的方式。如果家长能够充分使用这些方式，那么孩子在提升语言能力的同时，还可以发展高阶思维能力。

财经素养

怎么跟孩子谈钱？

苏凇，北京师范大学财经素养教育研究中心主任，经济与工商管理学院副教授、市场营销系主任

北京大学和清华大学等机构曾经分别做过几份报告，调查年轻人在大学毕业后过得怎么样。结果发现，很多年轻人过得并不好。花钱随意性比较大，虚荣消费比较多，有30%以上的应届生在“啃老”，40%以上在“月光”。很多人在调查里体现出的财经观念存在明显误区，比如，日常花钱没有计划，随意性大，相信存在利率高、风险低的理财产品等。

调查还显示，低年级的家长觉得高年级比较适合学习财经方面的知识、技能，而高年级家长反而认为应该小时候学。那么究竟孩子多大适合学习财经素养呢？如何给孩子进行这方面的系统教育呢？

发达国家的经验

美国在20世纪80年代就已经把财经素养纳入到公民教育里，90年代正式提出要在中小学开展这方面的教育，并且把它称之为从3岁开始的幸福人生计划。

2002年，时任总统小布什签署了一个法令，要求每一个孩子必须去学财经素养，不让每一个孩子掉队；2003年，美国成立了专门的财经素养委员会；2011年，美国把财经素养教育上升到一个国家战略的高度。

此外，英国、日本、澳大利亚等20多个国家，都把财经素养作为国家战略去发展。从2012年开始，经合组织将财经素养放在PISA测试中，成为衡量国际学生的四大标准之一（其他三个为数学素养、阅读素养、科学素养）。

财经素养是什么？

根据定义，我们可以看到财经素养包括两个方面：

第一，财经思维和行为，通过学习知识、技能，把它转化成考虑问题的一个思维角度，最后形成习惯；

第二，培养财经素养的目的，培养孩子财经素养的目的是让他们各方面都很成功，让个人和家庭过得很幸福。

财经素养不仅是关于“钱”。财经素养注重的是孩子对资源管理的能力，包括对时间、精力等。

孩子在小的时候贪玩，不喜欢写作业，如何说服他，要先把作业做完，然后再去玩。这个事情我也在面临。我用的方法就是教小朋友财经素养的第一课——分清你的“需要”和“想要”。什么是“需要”?“需要”就是你必须离不开的，比如水。什么是“想要”？“想要”是冰激凌、可乐。时间也一样，如何让孩子把优先级排好？你要告诉孩子做作业是必须的，学习是必须的，是你需要的，而玩玩具和打游戏是你想要的。

在教孩子排序的过程中，孩子的思维里就形成了“需要”和“想要”，他在管理时间的时候，就会先分配需要做的事情，然后是想要做的事情。

财经素养注重人格特质的培养和价值观的塑造，比如责任感。

从财经教育的角度来讲，花一笔钱、管理一笔钱意味着要承担责任，要为这笔钱支出负责。家长用这种实际的方法培养孩子的责任感，更容易被接受，让孩子在潜移默化中形成责任感。

我们注意到一个事实：大家知道犹太人是以能挣钱闻名的。据统计，只占美国人口2%的犹太人，却拥有美国70%的财富。但是，犹太人的成就并不仅仅体现在赚钱上。不知大家是否知道，仅占美国人口2%的犹太人，诞生了美国三分之一以上的名牌大学教授，60%的文学家、戏剧家、音乐家、作家；同时，仅占世界人口0.2 %的犹太人，却贡献了27%的诺贝尔奖获得者。

犹太人为什么这么成功？这与犹太人从小接受的财经教育有很大关系。犹太人在孩子小时候就教他们钱怎么来的，如何管钱，如何挣钱。犹太人并不是把孩子培养成唯利是图的人，他们希望孩子在学习挣钱和管理金钱的过程中，树立正确的金钱观，并学会管理资源。因为钱也是一种资源，能管理好钱，同样也能管理好时间、精力等自己的各项资源，通过设定各种目标，例如职业发展等，有效地运用资源实现目标，最后就有更大的可能获得成功。

为什么从小开始培养财经素养？

关于经济管理方面的学习和知识，已成为欧美高校的重要加分项，国内名校自主招生考试的新增内容中也包含这一部分。

财经素养教育的意义不只是为学习经济学、金融学、管理学知识本身，而是为了运用经济管理思维解决问题，培养良好的行为模式，为适应要求越来越高的未来社会环境提前做好准备。

2016年发布的《中国学生发展核心素养》中的六个方面，都与财经素养有非常密切的交集。例如，社会责任，看起来特别难落地，如果从财经的角度，就很容易把它变成一个可行、可操作，孩子接受的课程。

如何培养财经素养？

我们可以和孩子制订购物、旅游计划，比如算成本；和孩子讨论家庭的支出；把家务分给孩子，给他一些收入和报酬。

财经素养的核心就是收入与支出，当收入大于支出的时候，我们就有储蓄和投资；当收入小于支出的时候，就会产生信用和借贷的问题。整个环节都有风险控制和管理，但最终的目的是服务于我们的幸福。

我们希望能尽快帮家长认识到财经素养教育的重要性，把它和孩子的培养结合起来，使孩子们变得更加优秀、成功而且幸福。

财经素养是一种行为素养

张红川，中央财经大学社会与心理学院心理学系主任、经济心理研究所所长

不能停留在纸上谈兵

我们每天的生活，从早上起来到晚上睡觉，唯一离不开的东西就是钱。现代社会本质上是一个财经社会。我们的孩子每天都接触这个经济环境，他们能不能很好地适应？我们是否能够培养他们在这个财经社会中的生存能力？这都是至关重要的。

基于这个原因，世界各个国家，比如美国、日本、澳大利亚等，纷纷提出自己的财经素养计划，他们把财经素养作为国家战略提出来。但是当我们审视到底什么是财经素养时，每个人脑海中出现的词语都不太一样。

举个例子，经合组织在2012年PISA测试中，把财经素养分成内容、过程、背景三个部分，每个部分包含若干个小部分。他们认为财经素养就是，个体把一些不同的财经技能内容应用在背景不同的生活中。他们用这样一套标准考察全球各地中学生的财经素养状况。

到底是不是这样呢？

经合组织算出来财经素养与阅读能力、数学能力相关。研究发现，阅读能力和数学能力联合起来，能够解释财经素养的变异达到了80%，也就是财经素养的80%都可以通过阅读能力和数学能力来解释。这是财经素养吗？显然不是。

20世纪90年代一个针对数学学习的研究发现，巴西里约热内卢卖鱼的小孩没有上过学，一旦让他们做学校的数学题，就做不出来。但是如果把同样的数学问题换成卖鱼的场景，你想少给钱是绝对不可能的。那么，这些卖鱼小孩到底是懂数学，还是不懂数学呢？由此可见，财经素养并不是单纯的知识和技能。

我们应该如何看待财经素养？

我认为财经素养更多是一种行为素养。司马贺和丹尼尔·卡尼曼是两位非常著名的心理学家，他们分别在1978年和2002年拿到了诺贝尔的经济奖。他们为什么能够拿到这个奖项呢？因为经济学归根结底是在研究人类在经济活动中的决策，传统经济学有个基本假设：第一，人是自利的；第二，人是理性的。这是几乎所有经济学理论的前提。但是，现在心理学家告诉我们：人在做经济决策时既不是自利的，也不是理性的。

为说明这点，我先给大家看一道题。

有一家肿瘤医院经过多年研究，开发出来癌症治疗手术，存活率90%，如果你是病人会不会选择做这个手术？

换一种说法：如果有一家医院开发出来一种癌症治疗手术，死亡率达到10%，你会不会做这个手术？

这是同样的一道题，存活率90%就是死亡率10%。但是显然，人们更喜欢第一种表达，这就是我们做决策时一种不理性的表现。总体来说，行为经济学发现，人在做经济决策时，具有三个主要的特点：

1.喜欢自动化思维；

2.喜欢社会化思维；

3.喜欢模式化思维。

利用人类在经济决策中的这些特点，我们可以帮助人们做出更为优化的决策。

首先来看“自动化思维”。在美国，很多人不喜欢从自己的钱中拿出一部分投到养老金里，于是经济学家想了一个简单的办法——自动从薪酬中扣除养老金存款。当然人们可以选择退出，要求不从薪酬中扣除部分养老金存款。但最后，大多数人都愿意把钱放在养老金里。这说明人天然喜欢保持现状，不喜欢改变现状，这就是自动化思维。

再来说说“社会化思维”。在英国，很多人喜欢欠税，无论寄多少封信催款，他们都不会交钱。但如果我们在信中告诉对方，周围有多少人已经交了税款，83%的人就会去交税款了，比控制组多出来十几个百分点。

最后是“模式化思维”。行为经济学家发现，如果把储户的照片，用电子手段改成年老的容貌，放在电脑系统中，每当储户在银行账户上调整存款额时，调得越高，老年的图片就会呈现出一个笑容；如果换成储户当前面容的图片，就没有这个效果。这就是模式化思维，因为我们需要明确看到自己老年的模样，才会对衰老提高警觉，所以我们才会存更多钱。

这么复杂的经济问题的解决，并不需要通过复杂的手段、项目推进，只需要我们创设一个让财经行为更加优化的环境。2015年，世界银行的旗舰报告名字就叫《思维、社会与行为》。报告重点提到了利用上述一些原则在非洲进行的一些财经素养干预。

在肯尼亚，最大的健康问题是疟疾横行。要防治疟疾，最简单的事情，就是买蚊帐。但是农民往往把钱拿去买别的，会忘记买蚊帐。于是，研究者在发给当地人钱买蚊帐的同时，还发了一个箱子，让他们把钱放到箱子里，箱子写着“这是拿来买蚊帐的”。这样一个简单的办法，居然让买蚊帐的比例提高了66%。

家长要创设环境帮助孩子养成良好的财经素养行为

因此我认为，财经素养并不像在课堂中所谈的语文、数学、化学、物理一样，是一种知识性的素养。财经素养在本质上是一个行为素养。其实，每个人生下来就懂得吃东西要去买，有了钱需要存，并不需要像一般的知识性素养，要花一万小时培养。在教育中，更多的是需要创设一个更加适合我们的财经行为，以及让我们的经济决策更加优化的环境。

按照这种理解，财经素养的核心应该是五类财经行为——如何挣钱、如何花钱、如何借贷、如何投资、如何防止财经风险。我们需要探索如何创设最优的决策环境，帮助孩子养成良好的财经素养行为。当这些行为不断地优化，我们就能进一步将这些决策模式扩展到个人、工作和家庭，扩展到更有利于社会，养成更加适应财经社会的价值观、思维模式和人际交流方式。

我希望以后，家长每次提到国际人才的核心素养时，除了让自己的孩子考一个常青藤大学，让孩子重视SAT，让孩子以后更好地与人交往之外，也要记住一点，孩子的财经素养同样是至关重要的。

4

人工智能与学习

人工智能将如何影响未来的学习和选择？

边玉芳，北京师范大学心理健康与教育研究所所长、儿童家庭教育研究中心主任

20世纪80年代初，我读心理学的时候，有认知心理学这么一门课。当时我们在讨论人工智能的时候就思考，人工智能和大脑的区别在哪里？当时我们认为人类很牛，人工智能不会真的像洪水猛兽那样充实我们的世界。但是，现在人工智能真的来了。

人工智能对学习的影响

讨论人工智能对学习的改变，有两个方面要考虑。

1. 学习是什么？

心理学中有太多关于学习的定义，简单来说，学习有狭义和广义之分。一般人认为学习就是学习知识，就是在学校的课堂里学东西，但广义的学习或更全面的学习不只是知识技能的学习，也包括人格的学习、品德的习得等更多全方位内容的学习。

2. 一定要有时间或时限的概念

讨论人工智能对学习的改变最好加一个时限，即到什么时候可能带来的变化是怎样的。确立的时间点不同，讨论这个问题的结论可能不同，我个人建议考虑2030年，因为联合国教科文组织提出“教育2030行动框架”。在这样一个时代，再过15年到20年的时间，我们全世界的教育会发生什么样的改变？

（1）学习方式的变化。泛在学习的概念成为常态，就是任何人在任何时间以任何形式学习。

（2）个性化的学习。在大数据的支持下，有适合于自己的精准的学习模式；也许有人工智能教师出来，很多学习已经不需要只教知识的老师了，所以我们可以进行精准化的学习。

（3）2030年的学习一定是跨学科的学习，类似于STEAM，以项目的方式、活动的方式、问题解决的方式学习，培养的是核心能力或者说全球化的核心素养，需要学习的内容不仅仅是知识和技能。

（4）最后一个变化是评价的变化，肯定是伴随式的评价，客观的、精确的、各种各样的评价，而评价和学习的过程是不可分的。

人本身，有着人工智能很难代替的能力。

人工智能其实是对我们人的意识和思维的模仿。随着技术的发展，它越来越厉害了，越来越像人类的思维了，但跟我们人类自身思维相比还是有很大差别的。

20世纪30年代，心理学家做了一个实验：黑猩猩面前挂着香蕉，很高拿不到；它会东看西看，突然拿一个凳子上去把香蕉摘下来，这就是人类学习中的一个特点，我们称之为“顿悟”。而这种顿悟除了黑猩猩之外，人类当然可以做到，其他动物是做不到的。就现在而言，至少我看到的人工智能是做不到的。正如格式塔心理学流派所说，只有对整体的理解才可以达到顿悟，顿悟可以说是创造力中非常重要的一个部分。这样的能力需要对信息的平行加工，现在人工智能做到的都是串行加工，因为是在程序的基础上对人类的模仿。从这个意义上来说，人类的思维方式和人工智能还是有很大差别的。

除此之外，另外一个非常重要的迁移能力，也就是举一反三，目前在人工智能中没有看到。虽然AlphaGo打败围棋国手，但类似顿悟、迁移、推理、批判性思维、想象力等都不是人工智能目前所能够具备的。

这个时代，人工智能为我们服务，也给我们的生活带来很多变化。但是，人和人工智能两者之间还是有非常大思维上的差距，更不用说我们人类的情感，所以也不用害怕。

人工智能对未来职业的影响

首先，我自己的职业肯定不会被淘汰，因为心理学，是未来不断发展的一个专业。我认识一个同学，原来被叫作“百科全书”，他有可能失业。被淘汰的职业是训练性的、在格子间里面单调的记忆性的工作，而有人性和温度的工作并不会消失。

心理学和人工智能是高度相关的，有部分心理学家其实是在做人工智能的研究，比如研究神经网络。我现在做的是儿童青少年的发展，研究怎么让儿童青少年有更加健全的人格以便为他未来人生幸福奠定基础。我个人觉得这样的工作非常有意思。心理学还有很多分支，比如社会心理学、管理心理学，包括很多大公司的HR都是学心理学的，此外，用户体验也是跟心理学高度相关的。我很高兴有这个机会推广自己的专业，理科或者文科都可以在这里面找到合适的专业。

但是，不是每个人都要从事人工智能相关的专业。除了心理学和人工智能方面的研究之外，每个孩子都“天生我材必有用”，都可以找到自己的人生方向。我女儿读的是中文系，她很享受写作的过程，我觉得，即使人工智能来了，这个专业也依然不会被淘汰。所以一方面，我们要做好准备，警惕人工智能对我们职业带来的变化，另一方面，我们也不要过于担心。

面向未来，我们应该如何选择

20世纪80年代我读书的时候，面对即将到来的新时代没那么害怕，其实是没做好准备。今天面对这个新来的时代，我们对如何教育孩子有很多焦虑，因为在用现在的方法培养未来的人。但是不用去害怕，因为这个时代是我们人所创造的，我们一定有适应时代的能力。唯一解决这个问题的办法就是回到人的教育上来，这个是非常重要的。什么是回归人的教育？人不是知识的容器，我们应把记忆和训练的东西去掉，着力培养创造力、温情以及人与人之间交往和合作的能力。

人工智能不仅仅是对就业的挑战，同时也在帮助人类，很多人已经开始在享受人工智能的成果，他们从大量枯燥的工作中被解放出来。当人工智能到来时，我们可能更需要艺术的创作、文化的创作。所以，培养人的能力，包括我们基本的认知能力、创新能力、专注力、想象力、创造力都是非常重要的，可能记忆不重要，但是记忆力本身还是很重要的。实际上，我们要培养的是一个有良好的价值观、善良的、有包容心的、与人交往的人，是有良好的基本认知能力的人，是有想象力和创造力的人，这样的人在任何时候都是会被需要的。

最后总结一下，技术可能带来知识，但是无法代替我们的情感，技术也可能带来信息，但是无法替代我们的关系，技术可能是一个人机的互动，但是互动和真正的交往还是不一样的。所以，人类进化到现在的思维方式以及特点，很多重复性的劳动可以借助人工智能，但是还有很多能力，在未来20年里面，人工智能可能是没法超越人类的。

人工智能开启全新的教育世界

吴颖惠，北京市海淀区教育科学研究院院长

“苹果手机之父”乔布斯生前曾无比遗憾：“为什么计算机改变了几乎所有的领域，却唯独对学校教育的影响小得令人吃惊？”“乔布斯之问”引发很多人对教育、对技术的思考。教育一定会被技术改变。举一个简单的小例子，过去，我们特别拒绝手机和网络，现在我们却在使用手机和网络玩游戏，甚至在做研究；现在很多人的阅读都是在手机上进行的，手机已成为我们重要的信息来源，成为日常生活的重要组成部分，成为不可缺少的教育和学习工具。

同样的道理也适合人工智能。现在我们还没法预测人工智能将如何影响教育，人们还在讨论人工智能能否代替教师，进而最终代替学校教育，也许这一切都还是未知的；但是，可以预见在不久的将来，人工智能一定会深刻影响教育，也许那时候教师还会存在，学校教育也会存在。人工智能中的语音识别技术、虚拟实验技术、互联网络技术等，终将会影响学校教育，改变课堂教育教学方式，也会深刻改变孩子们的学习方式，所以人工智能影响下的教育，一定是一个全新的教育世界，一个更加个性化的教育世界。因此，教育绝对不可能拒绝人工智能。

未来，人工智能的局限性是什么？

人工智能的广泛应用给人们带来越来越多的恐慌，人们担心人工智能终将在未来的某一天代替人类。这种担心是否会成为现实？答案肯定是否定的。目前人工智能还在模仿人类，还是人类创造出来的一种机器或者一种产品。人类创造这样一种产品的初衷是为人类服务，代替人类做我们不能做的事情。虽然人工智能在很多的方面，例如机械和运算，的确超过了人类，但还是需要靠编程和程序来推动和运作，所以编程与设计仍然是人类社会中非常重要的能力。即便人工智能在日后真的成为领先的技术，但离完全代替人类做科学探究和研究的工作，还有一定的距离。人类作为一种生物在地球上存在，需要不断地完善，这种完善包括能力的不断提升，人格、品格的不断完善，还有人文和艺术等方面素养不断进步，而这种不断自我发展的能力和素养，都是人工智能所不具备的，也是人工智能远远不能超越的。

在人工智能的时代，仍然有许多行业是人工智能永远无法替代的。家长为孩子选择未来职业方向的时候必须考虑这些问题。多给孩子一些创造性的工作，培养他们的人文素养和艺术素养。我相信艺术素养、人文素养、创造力和批判性思维等，都是未来人才所应该具备的，也是人类超越人工智能的优势所在。

人人都要学人工智能吗？

当前，学生要掌握人工智能需要三个阶段：了解、学习、应用。

人工智能是未来非常重要的就业方向。有不少孩子将来会选择从事人工智能相关职业，在这个领域的就业人数很可能超过原来的互联网行业，所以在中小学开展人工智能相关知识的学习很有必要。海淀区教委与科大讯飞公司合作成立人工智能教学联合实验室，为海淀区中小学人工智能课程的引入、人工智能进课堂、新技术探索开发及应用实验，提供硬件基础及实验平台。我们希望通过对老师的培训和教材的编写等，让学校和老师了解人工智能、学习人工智能，最后应用人工智能，将人工智能知识普及到中小学去，帮助孩子先了解，再学习，最后能够应用。

虽然人工智能是未来就业的一个大方向，但不是每个孩子都要在人工智能领域就业的。大部分人不是在创造人工智能技术，而是在应用人工智能技术，在享用人工智能技术给我们带来的便利。中国教育最大的问题就是从众性、统一性，容易一哄而起，一谈起人工智能，似乎所有的孩子都要学习人工智能。

其实，教育是因人而异的，适合的教育才是最好的。当前在学校里普及人工智能，最好以兴趣小组为单位，或者以选修课的形式。因为毕竟目前人工智能还是不成熟的学科，是一项正在走向成熟的学科，还是一个依附于计算机、网络技术的研究领域，所以人工智能能否作为一个独立完整的学科在学校开课还需要一个过程，取决于它是否有自己的理论体系。海淀区教育科学研究院成立人工智能教学联合实验室就是希望对这个方面的知识进行推广。我们也在尝试编写自己的人工智能教材，对中小学免费培训，希望靠这样的技术传播知识，改变教育和教学。

人工智能赋能未来的学习

王光宇，北京鲸航科技有限公司联合创始人，北京大学本博，清华大学博士后

人工智能已经开始渗入我们生活的很多方面，比如智能安防、自动驾驶，前几天谷歌发布的智能助理等，这些都会将人从复杂、低效率的工作任务中解放出来。

具体到教育领域，未来也必将发生很多新的变化。传统的以老师为中心的传授方式，忽略了孩子本身学习偏好、认知方式、能力水平的差异。随着计算机技术、网络通信技术和认知科学的发展，对我们的教育目标、内容、方法等都提出了全新的挑战和要求。这需要“新教育”的赋能。

可以设想，在线教育、VR（虚拟现实）等技术，把全社会的学习者和知识传授者通过网络协同起来，把所有一对一、一对多的教学数据实时收集，人工智能就在大数据的基础上进行智能分析，辅助人类老师进行智能决策，及时发现教学的问题，调整教学路径，甚至有可能协助人类共同制定新的教学体系。借由互联网资源和AI（人工智能）技术，我们有可能做到真正的高质量的教育，没有差别地覆盖到世界的每一个角落。

这是人类文明历史上从没有发生过的事情，这就是技术的赋能。

人类五秒内可以做出决策的工作将会被取代

随着人工智能的来临，大家十分担心AI会不会取代人类的很多职位，造成失业。

其实，随着人工智能的发展，那些可以被取代的职业是人类五秒内可以做出决策，通过记忆、反复操作就可以掌握的工作。比如前一段时间，河北唐山取消了路桥收费项目，采用自动收费，有一位阿姨就受到很大冲击，表示自己的整个青春都交给了收费站，自己现在什么都不会，也很难去学新的技能。所以，可以看到技术发展对人本身造成了很大的挑战，需要保持一个终身学习和成长的状态，才不会被时代的洪流所裹挟。

人类可以有信心的是，那些需要决策、思考的工作，需要同理心、创造力的工作，还不会被这一轮的人工智能技术所影响。过去我们总是让孩子机械地背诵、考试，以期望把“同龄人远远地抛弃”。在人工智能的时代，这种培养方式就变成了一个致命的问题，因为你永远不要期望比机器算得更快，记得更准，而且机器还永不疲惫。未来的“新教育”，应该更关注孩子的核心潜能，比如情感、审美、艺术和创新及解决问题的能力等。

另外，“90后”“00后”是数字化栖居的一代，很重要的一点是，要学会向机器学习。父母远远不必把电子产品视为洪水猛兽，未来是人机协作的时代，人类如何与机器相处、利用好机器，并且运用AI技术本身去学习一些新的思维方式，会是很重要的课题。

人工智能时代，教育和学习本身不是我们的目的。我们的最终目标是利用好技术，去使人本身获得最大的自由，发挥最大的价值，并从中获取幸福。

人工智能在教育领域的应用

教育和医疗是中国的两大难题，也有很多相似点。

我在清华时做的是人工智能加医疗领域的研究，目前又在AI教育领域进行创业、探索过程。对这两个行业就会不断地比较、观察和思考。我认为传统的教育就类似于“老中医”。为什么呢？首先这两个都是供给端市场，好的医生资源和医疗资源都是稀缺的。所以，现在的“学区房”现象和医院的“一床难求”、医患矛盾都是源于供给的稀缺。另外，现在的教学过程基本是经验驱动的。学什么、怎么学，就靠上课的老师本身的水平了，这就像老中医把脉，看病结果好坏，中间过程基本上是个黑箱，无法证伪。

文艺复兴之后，科学的研究方法和技术的应用，成就了现代医学，使人类面对疾病时拥有了指南针和屠龙刀。进入智能时代后，我们通过技术把整个诊疗过程和结果数据进行汇聚，请专业的医生去给海量数据打标签、输入自己的专业知识，最后让最厉害的一批算法工程师训练模型，使得机器辅助诊疗或者自动读片，可以达到超过基层大夫的水平。

所以，在智能时代，AI在任何一个垂直领域的应用，是围绕着网络协同和数据智能这个双螺旋发生的。与医疗领域相似，教育领域也要经历这样一个探索的过程。

那么我们这个创业团队在教育领域的探索，也是围绕产品、数据、算法三位一体进行同时推进。希望能够利用我们在语音、NLP（自然语言处理）等方面的技术，去解析传统学习的蛮荒、模糊地带，描绘出每个人的“知识地图”，并计算出你到达目的地的最优路径。每个人都有专属的知识“导航仪”和AI 学习伙伴，我们希望借此最终实现教育的公平、公正和个性化。

5

国际榜样

做顶尖国际人才需要具备“三种力”

冉维，新航道国际教育集团副总裁兼留学服务中心总经理，哈佛大学肯尼迪学院管理硕士、哈佛大学全额奖学金获得者，前新华社驻伊拉克战地记者、驻华盛顿外交记者，2013年获得共青团中央授予青年的最高荣誉“中国青年五四奖章”

国际化的人才需要具备什么素质？我觉得国际化人才需要三种力，第一需要有谈判力，第二需要有体力，第三需要有恢复力。

谈判力

谈判更多是和对方博弈的能力。我们在国内上学的时候，从来没有任何一个老师上课教我们怎么和对方谈判，但这却是我们长大后生活所需的最基本能力。从在菜市场买菜跟别人讨价还价，到买房卖房，再到日后找工作和老板谈工资，怎么谈判？这些都要和对方进行博弈谈判，可惜的是中国的教育没有教学生怎么谈判。

我在哈佛上学的时候选了一门课，后来才得知是哈佛最受欢迎的课——谈判课，教学生如何具有现实生活生存的能力。

在这门课上，我首先学到的是“谈判是博弈”，而不仅是坐在桌子上和对方讨价还价。这门课的第一课是“人生职业怎么规划”，这也是博弈，我认识到个人任何的规划、发展都不是一件简单的事情。

其次我学到的是“谈判是一门科学”。美国人把什么都做成一门科学，他们量化谈判，谈判不是要学会一个动作或学会说话，而是在与对方博弈的过程中，可以通过数学算的。比如那时我们做练习是两人或者两组互为谈判双方，就很多不同主题，如石油价格、房价进行谈判。其中有一个案例是迪士尼在巴黎要落地，要怎么获得土地、如何和四个地方政府谈判——这就是美国的教育，很接地气——而后总结不同的谈判策略最后的获益是多少，两人加起来获益是多少。

这种谈判或者博弈最重要的是——以什么样的价值观谈判。有时候谈判是一次性交易，这次交易要使获益最大化就好，但我们的谈判老师是一个犹太人，他跟我们讲：“谈判最有效、最好的办法就是要双赢，和对方博弈、谈判的时候，不要一个人把所有东西都拿走，让别人也获益，这样才有持续性，博弈和谈判的目的都是多赢。”

体力

对于国际化人才很重要的是要身体好。哈佛大学所在的波士顿最难熬的是冬天，窗外全是雪，我那时学业很重，心理压力很大，但外面没法跑步。最难的时候我就天天在哈佛的游泳池游泳，每天游一个小时，游过之后心情好很多，增强体力的同时，心理亦有很多改变。运动会使人感到高兴，所以我觉得体力是很重要的素质。

恢复力

学生在现实生活中经常会遇到挫折，遇到挫折后能够自己调整，恢复积极的状态，这是国际化人才很重要的一点。我做战地记者的经历，最受益的不是让我很勇敢，因为其实我在现场也害怕，但我并没有崩溃，是因为我在其中获得了很好的恢复力。

央视有一档节目叫《开讲啦》，撒贝宁邀请我参加节目，和北京大学儿童文学作家曹文轩先生进行对话，我在节目中讲了什么叫恢复力。

世界顶尖学府哈佛：增长智慧、服务别人

作为世界顶尖学府，哈佛希望培养什么样的学生？现在很多家长带孩子参观哈佛，我想跟大家讲一个哈佛校门的小秘密，如果去了，可以注意看——门两边都刻了字。

进入校园时看到的是：进校园是为了增长你的智慧。

出校园时，就是毕业离开学校的时候看到的是：你要知道怎么能更好地服务你的国家和你的民众。

为了在学生毕业的时候，能够达成这个目标，哈佛招生有一个很重要的标准——这个学生被招进来之后，能给周围同学带来什么新鲜的知识、新鲜的文化背景或有价值的视野拓展，甚至是能够给教课的教授带来什么？因为教授也很希望向学生学到新鲜的东西。

在哈佛读书对我的影响很大，当我毕业的时候有很多工作可以选择，但我希望自己有机会更好地服务周围的人和社会，所以选择进入教育行业。

走向世界需要一颗勇敢的心

张哲，北京大学法律硕士、牛津大学法学硕士、对外经贸大学国际经济法博士，“英国政府志奋领奖学金”与“中国牛津学者奖学金”获得者，“中国牛津学者奖学金”评审委员会委员，曾任国家商务部欧洲司欧盟处处长、中国驻欧洲使馆外交官、美国高盛集团执行董事

我儿子今年16岁，我太太经常向我说起她担心的一个问题：“我们的孩子这么宅，怎么办？”

我相信很多父母有类似的担心，但我不是特别紧张，因为我在他这个年龄的时候也非常宅、非常内向、非常不爱跟别人交流。这种情况后来怎么改变的？

我和大家分享两个小故事。

一次有勇气的决定

我初到牛津时，在学生邮箱中收到一封群发的邮件，是牛津篮球队试训的邀请函，这封邀请函是给所有新生发的，只要热爱篮球、有天赋，都可以参加。我收到邮件后很纠结，第一反应是我的身体条件不是很突出，我们中国人也不喜欢跟别人进行对抗性的体育活动，要不要去？

当时我做了一个自我评估：

第一，我非常热爱篮球运动，想去打篮球；

第二，虽然我在场上可能当不了明星球员，但我觉得自己跑步很厉害，也许可以当一个角色球员，在场上多防守，多出力也不错；

第三，作为一个新生，我目前没有朋友，我想通过这种方式，与一群热爱打篮球的人一起做个伴。

综上，我决定去一趟。后来事实证明，这个决定对我的影响非常大。

那天，我穿了一件非常简单的T恤、一双李宁运动鞋就去了。现场除了试训，更像是一个很大的聚会：有的外国同学人高马大，跑来跑去很自信；有一些黑人戴着耳机，听着音乐就开始蹦蹦跳跳了。我是冲着入围去的，但是毫无悬念，我没有入围试训，连复试的机会都没有。这次试训去了100多人，场上十几个人打了两个小时后，教练喊了一句："其他人都去边上凉快吧。"于是，就这十几个人继续打，最后留下两个人。

牛津的校队叫"牛津蓝"，对于这么一所知名大学来说，篮球队的选拔标准是很高的。我们这些淘汰下来的八九十人，活动后已经气喘吁吁了，一边喝水一边聊天，乘着肾上腺素比较高，雄心壮志地说："入围的人打得也不怎么样，也不比我们强多少，教练怎么把他们留下来了？不如咱们好好训练，除了学习，我们每周六上午训练半天，大家凑份子租个场地自己训练，以后肯定能把他们灭了。"

这件事就这样定下了，为着这个共同的目标，我们坚持每周六训练。虽然，一年后这个雄心壮志并没有实现，我们还是打不过校队。但这个举动对我的帮助非常大——英国的冬天天寒地冻非常冷，天黑得很早，在学习压力下，我的心情不会太好，但我每周都等着周六上午跟一群热爱篮球的伙伴们一起训练，这对我的成长意义非常大。

通过这个方式，我也非常直观地了解世界不同民族之间的差异性，比如德国的学生打球就跟机器一样，战术是一开始就商量好了，全程板着脸不苟言笑；意大利的学生可能开场就有很多手势；墨西哥的学生完全不在意是否得分，最在意的是一定要把球在胯下运几个回合过人。

这段经历让我了解其他民族的性格特征，对我后来在国家商务部工作、常驻国外当外交官，包括跨界去企业工作都非常重要。

一场不服输的面试

第二个故事，是我与“中国牛津学者奖学金”的不解之缘。十几年前，我是这个奖学金的获得者，现在我帮这个基金会在中国面试学生，已坚持了五六年的时间。

我获得奖学金的经历与勇敢有关。当时大约有100多个学生申请这个奖学金，最后进入复试的北京有10人，上海有10人。面试当天，我是北京这10个人中的第10名，即我是最不被看好的一个候选人。十几年前，我们并没有很多理论指导自己的行为，去应对这样的面试。但是我现在总结，当时，不服输的精神一直支持着我。

评委在寒暄后开始提问，在过程中，我同意评委的部分观点，但也不同意另一些观点，他们询问我观点的时候，我就实话实说。当天，评委轮流向我提问题，我一一按照自己的想法进行了非常诚实的解答，这种状态在最后反而感染了他们。

我知道当时自己在候选人中不被看好，原因有两个：第一，我当时已经拿到英国另外一个奖学金，在财务上我不是最需要这笔钱的人；第二，入围时，我的学术成绩并不是所有候选人中最出色的。但是，为什么我最后拿了全额奖学金，还是那一年最高金额的奖学金？我觉得恰恰是我那种不服输的精神状态，打动了评委。

应对这样的考试，需要什么技巧？我认为，除了常说的“做自己”之外，用最真实、最自然的状态打动别人，还要有强烈的个性，要用与众不同的风格打动别人，这才是最重要的。

无论是参加牛津篮球队试训的决定，还是这一场不服输的面试，我的总结都是离不开一颗勇敢的心，它还是我融入职场、快速适应环境的秘诀。

我希望更多人能看到不同的世界

何江，本科毕业于中国科技大学，2016年从哈佛大学毕业，获博士学位，同年在毕业典礼上作为优秀毕业生代表之一发言，成为第一位获此殊荣的中国学生

2016年5月26日，哈佛大学第365届毕业典礼在 Harvard Yard 隆重举行，何江博士作为毕业生代表致辞，成为登上这个讲台的第一位中国学生。作为何江的哈佛师兄，新航道国际教育集团副总裁、哈佛大学肯尼迪学院管理硕士冉维第一时间与何江进行了对话采访。

冉维：在哈佛的毕业典礼上演讲，可能很多人连想都不敢想，以前也没有中国学生做到过，是什么促使你有这个勇气去尝试?

何江：我当时知道这个事情是在给哈佛本科生当辅导员的时候，在和同学、老师聊天的时候得知有这个机会。当然这需要经过层层选拔，竞争很激烈。 我也曾觉得自己不太合适，或者根本就不可能被选上。后来我又想：如果不去争取一下，怎么知道不行呢?

当然，我有信心参与这个竞争是因为我感觉我找到了一个很好的切入点。要被选上去发言，需要一个和哈佛的校园文化、人文精神很契合的一个点，能够和大家分享，如果找不到这样一个点，很难经过这么多轮的选拔。

冉维：那么你说的这个切入点是什么？

何江：这个切入点就是科学知识的传播。科学知识在世界不同地方分布并不均衡。在有些发达地区，比如波士顿地区，尤其是在哈佛，生物医学的研究是顶尖的，我做研究时有很深刻的体会。但在另外一些地方，比如我成长的湖南乡村，却很难接触到顶尖的生物医学知识。但科研的一个最终目的，就是把这些科学知识传播出去。我们当下的研究其实很多时候没有从这个方面来考虑，更多地是为了科研而科研。这一点在我读博士期间对我触动很大。这个点其实也和哈佛的人文或者说求知的精神很契合。我期望我的演讲更多地是具有启发性，让大家意识到，有这样一个问题，而不是简单地给出一、二、三、四点具体解决方案，因为台下面有肯尼迪学院、文理学院等不同专业的学生。我要做的就是把这样一个问题呈现出来，引发大家的思考，我觉得这就是我想传递的信息。

冉维：写出这样一个演讲稿要求是很高的，你是如何做到的？

何江：我自己有了主要的想法，但得到了很多人的帮助，经过了大量、多次的修改。我演讲的最终版本和我最初写的版本已经非常不同。我在这边的本科生、研究生的朋友，以及我认识的一些教授，都给我很多帮助。 经过几轮大改后，我能感觉得出，这个要传递的信息在不停地被提炼，越来越好。最终的演讲稿在思路上和语言上已经非常接近西方或者说英语母语的表达方式。肯尼迪学院的一个教授公众演讲的教练还专门给我进行了培训。

冉维：那你的英语口头表达能力是怎么练出来的？

何江：来美国之后，我很主动地和同学交流。还有就是当本科生辅导员时，我必须和学生进行交流，这迫使我的思维和表达能够和他们接近。就在这几年，我的表达能力突飞猛进，而在大学前学英语更多是为了高考。

冉维：你给那些想出国的同学的建议是什么？

何江：这几年成长经历让我意识到，我需要真正地了解自己。比如在哈佛这个地方，牛人辈出。我才来的时候，不是很自信。但恰好也是这份不自信鼓励自己多去接触和了解，同时也发现自己有哪些特长，把自己的潜力挖掘出来。其他留学生也需要经历这样一个过程：在一个陌生环境，了解这个陌生环境的文化，接触不同的人，认识不同的朋友，把自己感兴趣的，自己的优势和长处，通过和不同的人交往发掘出来，要真正试图去融入这个社会。当然，这并不是说放弃自己的文化，其实后来恰恰是因为我把自己在中国的成长经历同我在哈佛求学的经历结合起来，才写出了能够打动评委的演讲稿。所以我们需要主动去了解，去融入社会，同时也是了解自己的过程，由内到外来思考自己的潜力在什么地方，自己的独特之处在什么地方。

冉维：作为第一个站上哈佛毕业典礼讲台的中国学生，这是一个突破。你为什么能够实现这个突破？

何江：我们中国人来哈佛留学，有时会不自觉地把自己当作一个外来群体。但哈佛其实是很国际化的学校，由来自不同国家、不同种族的人构成这样一个整体。不同的群体都是学校的一个代表，如果把自己当作外来群体，那就不会想到在这样一个最主流的场合做这样一个尝试，去达到这个玻璃天花板。但从另一个角度，如果把自己当成一个主人翁，一个重要的成员，那么这种思维定式就不存在了。

冉维：给我们聊聊你的未来。

何江：我在哈佛的学位是生物化学，去MIT是做生物工程的博士后，就是用打印出来的肝脏来模拟一些疾病、用药和肿瘤的检测。我本科毕业于中科大，那里培养了很多科学家，我对于和人体健康相关的领域比较钟爱。当发现能够在这样一个平台上做比较好的研究，能产生影响，就很有成就感，这促使我能够走下去。做科研很辛苦，但我觉得自己是能够坐得住的人，我很喜欢，能沉浸其中。现在博士后做3D、2D打印肝脏，既可以很学术，也可以很临床化、应用化，我希望能够在科研扎稳根基，以后也许可以创业，因为现在生物科技创业在美国和国内都很火。

冉维：最后一个问题。你在演讲中提到了科学知识分布的不均衡，其实教育资源分布也很不均衡的。你是否考虑过如何帮助那些教育资源贫乏的人？

何江：这是一个很好的问题，我在这方面做过很多思考。教育和知识传播的不平均在任何一个国家都是很大的问题。我出生在中国的农村，能够深切地感受到这一点。即便是在现在，我长大的那个村庄，对比北京和上海，教育资源肯定是要差很多。可以依靠技术，比如互联网，部分解决信息获取渠道的不均衡。但我觉得更大的问题是意识上的问题。在教育资源比较贫乏的地区，学生对于外部世界的理解很有限，这是我自己亲身的感受。从乡下到城市，从城市到国外，我突然发现这个世界变得那么那么大。在资源比较贫乏的地区，很难有这样一个意识。怎样把这种意识输入到这些地方小孩子的脑袋里呢？这需要靠外界把这些信息带进去，需要受过良好教育的人来推动这件事情。这不仅仅是资源上的一个问题，更多需要改变的是人的心态和对世界的认识。我之所以能够认识到这样一个状况，是因为有资源让我看到不同的世界，而更多的人其实是没有机会能够看到这样一个世界的。

父母这样培养我的“好奇力”

刘泽华，清华大学、哈佛大学联合培养博士生，学习专业包括自动化、计算机、生物医学信息学

在如今日新月异的快节奏社会里，总是依靠固定的生存技能是不具竞争优势的；保持较高水平的好奇力，能够驱动一个人持续进步。作为社会中的一个微小个体，在我个人成长中，家庭对培养我的“好奇力”发挥了重要作用。

之所以我称为好奇力，而不是好奇心，因为其不仅带有力的属性，且整体指代持久广泛多样的好奇心。在历史上，很多名人拥有出色成就便是因为具有这样的好奇力，比如史蒂夫·乔布斯的“Stay foolish, stay hungry”。

我的父母认为：好奇心是对新奇事物产生兴趣，进而想去探索了解的一种动能。对于一个孩子而言，外界所有的事情都能引起他的好奇，而富有好奇心也是孩子最常见的心理特征之一。但是，如何对待孩子“爆棚”的好奇心是父母需要思考的，具体方法可能因人而异。在我的家庭教育中，他们培养我的好奇力的方法可以归纳为两点：（1）尊重并保护好奇心；（2）激发并引导好奇力。

尊重并保护好奇心

我父母一直认为：孩子不是自己的私产，家长要尊重并认真对待孩子，包括他的好奇心。不能因为孩子年龄小，还在慢慢了解这个世界，而对他表现出糊弄、漠视，更不能鄙视、嘲笑；相反，应该利用好孩子的好奇心，培养他的知识和技能，传递正确的观念。具体的做法我归纳为三方面。

1. 宽松环境与放手探索

在保证安全的前提下，他们倾向于营造一个宽松的环境，让我自己探索事物并寻找答案。在少年时代，我拆过的玩具不计其数；还烧过陶罐、饲养蚂蚁、自制弓箭、研究“黑暗料理”、绣花等，这些都是在父母的默许下进行的。我依然记得第一次学自行车的时候，爸爸让我一个人在楼下摸索，一整个下午我都在不停地摔跤，经过反复尝试我终于摸索出规律。当我终于可以骑着自行车越过草丛、绕过路桩的时候，感觉非常兴奋。

2. 启发式的对话

对于我的各类问题，他们经常会给我耐心的解答，即便他们不懂也会先积极回应我，并启发我自己去探索。在这个过程中，我的好奇心始终能够释放。当时我提的一些问题，也成了今天我们聊天的谈资，例如：电线杆为什么不长根？石头为什么不是由细胞构成的？鱼缸里的水为什么会产生气泡？

3. 清淡安静的家庭氛围

在我的青少年阶段，父母为我提供了一个安静清淡的家庭氛围，让我适当远离了名利和纷争，免受一些不必要的外界干扰，帮助我树立价值观和志向，重于修习自身和听从来自内心的引导。在这种氛围中，当我完成了规定的学习任务，会继续选择课外书、科教节目、影视节目来丰富自己的认知。

激发并引导好奇力

在我父母看来，当孩子的好奇心得到释放之后，应该提供更大的空间给他探索，但是这种探索不是盲目的，应该合理地激发和引导，并使其进一步形成好奇力。具体的做法可以归为以下三点。

1. 提供丰富信息源和宽广的施展环境

记得小学的一个周末，爸爸曾经带我去野外观察岩石样本，为我展示云母、石英、方解石、砂岩等，并告诉我外星上的石头有更多种类。以前我认为所有的石头就只是石头，而这次之后我发现石头还有很多有趣的种类。在我的床边，放着很多父母从各种地方收集来的杂志和书籍，每晚睡觉前或者空闲的时候，我都会阅读，印象最深刻的是一部少年版的《世界名人传记》，这些阅读帮助我了解世界。

他们在为我提供条件之后，会回避一些具体的帮助。我小时候曾买过一辆四驱车，但是拼装时看不懂说明书，可他们拒绝为我提供帮助，所以我只能一步一步自学，导致很久之后才发现有一个零件一直是装错的。但是，这种独立完成的过程，激发我不断去探索并发现问题，好奇力也随之增长。

2. 正向激励和负向抑制

在日常生活中，父母会将正向激励和负向抑制相结合，对我的好奇力形成干预。在我的整个青少年阶段，他们给我很多鼓励，鼓励我的提问行为、广泛阅读、自发观察、动手尝试、实地考察等各种活动。有一次我把维生素C和碘酒混合在一起，发现颜色消失了，我把这个“惊天发现”展示给妈妈，她当即就说我太厉害了。相反，对于有可能带来负面效果的好奇心，他们会引导我少问、不做。比如对于沉迷电子游戏这件事，平时非常温和、尽力满足我各种要求的妈妈会批评我，我不想妈妈伤心，只好放弃。

3.重点引导与兴趣培养

对于我同时表现出持续好奇和某些潜质的地方，父母会关注有没有可能发展成兴趣，进而有助于当前的学业及未来的事业。在小学四年级的时候，我开始喜欢航空模型，并且对这个方向有很大热情。这些好奇超出了父母的能力范围，因此在他们的默许下，我加入了航模社团。航空模型作为一种综合性制作，使我接触到了各种数理化知识的实际应用场景，为日后的理工科学习打下了一定基础；其在每一个细节上追求极致、精益求精的要求也对我影响至深，当时教练的一句评语我今天仍然牢记在心里：“泽华，你打磨的机翼片像脚后跟一样，离我玻璃表面的要求还差很远。”

6

校长视角

尖子生不是“补”出来的，缺乏“自我思考”乃家庭教育之失

陈维嘉，北京汇文中学校长

客观地说，中国大规模的基础知识和技能的传授还是很有成效的。从小学到中学，与同一年龄段、同一学习阶段的学生作跨国比较，中国基础教育的优势，是其他发展中国家，甚至是一些发达国家都望尘莫及的。在肯定中国基础教育的成就时，我们也意识到现有教育模式在培养学生动手能力、好奇心、想象力和批判性思维能力方面的欠缺，这种欠缺影响到了人的创新能力。好奇心和想象力部分来自天生，但是我们后天的教育没有把人先天的好奇心和想象力给予充分的激发。

如今，在北京这样的大城市，不上课外辅导班的孩子凤毛麟角，从学前到高中毕业，家庭生活的主旋律就是在不同的辅导班间赶场。但是，投入了大把的时间、精力和金钱后，真的能够“堆”出一个优秀的孩子吗？

我教了这么多年书，又当了这么多年学校管理干部，几乎没看到哪个学业突出的孩子是“补”出来的。尖子生不是“补”出来的，家长千万别以为，自己投入了、努力了，孩子就一定能出类拔萃，事实上这是极具或

然性的事情。好多家长看到别的孩子补课就坐不住，坚信“只要补了就比没补好”，但事实上，不必要的补课，真有可能把孩子补坏了！过度“进补”的孩子通常会出现两个问题。

其一，不会思考。“自我思考”是孩子必需的学习过程。由于在辅导班上已经学过一些皮毛，有些孩子自认为学会了，不再跟着老师的节奏主动思考。久而久之，学习能力和成绩的差距就会越拉越大。

其二，压力过大。事实上，适当的压力确实有促进作用，但压力太大则会适得其反。我们经常能够看到一些孩子，因为学习压力超过承受范围，产生了不同程度的心理问题，从厌学发展到排斥集体，排斥同学和家庭，这与家长的初衷可谓背道而驰。

中小学校日常教学中也有一些偏颇，例如怎样贯彻落实“因材施教”原则，多数学校通常的做法是让一些学业成绩好的学生“学多一点、学深一点、学早一点”。表面上看，这种做法的结果是学业成绩好的学生比其他学生成绩更突出了，但真的是让这些学生对知识更有兴趣或更有想象力、更有能力了吗?

培养一个优秀学生也不单单是“学多一点、学深一点、学早一点”这种形式的“因材施教”，而是需要有宽松的环境和自由的空间，也就是要给学生们，特别是给学业成绩突出的学生们，以更多的可支配时间、更宽容的环境，让他们根据自己的个性特点去成长。

我也留过学，我曾经比较过我国的基础教育与发达国家的基础教育之间的差异，各有所长，也有其自身的问题。我们真的不能用知识学习“深”或“浅”、“多”或“少”，学习时间“长”或“短”，学习方式

“好”或“坏”去简单概括。无论在中国还是在美国要成为一个优秀的学生，学业上同样是非常艰苦的。由于教育理念的不同，我们的教师多依据教学大纲、教材教学，注重系统传授理论知识，要求学生熟记知识要点，实验操作更多是为了证明所学理论的正确，也有一些教师在巨大的升学压力面前采取填鸭式学习，“文科靠死记硬背、理科靠大量做题”。美国中小学会限制孩子得到知识的数量，多以布置任务的方式，让学生获得知识，孩子每得到一个知识都需要付出很多的汗水和辛苦。在这个过程中，查阅资料、动手操作、思考探究和领会感悟比知识本身的记忆更重要。在高中时期，美国学校培养的是学生自主学习的习惯。

比较美国的教育，我们的弱点在于教学多以课本知识、考试大纲、记忆知识为主，久而久之让学生习惯了依赖，导致学生动手能力差，好奇心、想象力和批判性思维能力缺失，特别是不敢于也不善于提出问题。这种能力、习惯上的差距，让中国学生与美国学生在大学选择了不同的生活方式和态度。在国外，尤其是精英云集的大学所要付出的艰苦是我们想象不到的。要想变得强大就需要学习得更多，其目的是帮助学生提高批判性思维能力和想象力，学会发现和鉴别事实真相，坚持对事物进行严谨的分析，能够理性、历史地认识现实问题和道德问题。另外，练就长时间超负荷学习的毅力。一定意义上来说，精英不是天才，是需要比别人付出更多努力的人。

改变我们的学习现状，既需要扎实的基础知识，也需要学校、家庭、社会鼓励学生养成求真求知、敢于思考、勇于质疑的学习态度，重视营造和谐民主的学习氛围。还要客观评价一个孩子，不能只用分数一把尺子，这对孩子不公平。每个孩子都是不同的个体，有的擅长艺术，有的擅长体育，有的很会读书，各有千秋，但“全才”凤毛麟角。作为家长，应该善于发现孩子的潜能，更不能忽视人本身的“内容”。因为，人生是一场马拉松，想最终胜出，分数之外的东西，才是最重要的。

国际化人才培养的六大支柱

田敏，北京四中国际校区常务副校长

现在的“千禧儿童们”都是互联网时代出生的，我们称“95后”为“网络化的原住民”，而我们这些“70后”应该成了“移民”，因为后来才开始学习互联网知识。我们的上一代人也在用智能手机、玩微信，因为他们也需要信息分享，否则可能觉得自己已经被时代抛弃了，成了网络“难民”，因为他的“网络权利”根本得不到维护。如果根本不会玩微信，他就成了一个被彻底抛弃的网络“弃民”。

国际学校里培养学生的核心能力，实际上就是确保在未来的多少年里，他作为信息化时代的“原住民”，能够在这个全球互联网时代成为主角。要是能在信息化的汪洋大海中，特别是在出国以后还能成为主角，那就是我们学校和家庭的培养成果。

现在我们就要思考，一所学校应该培养学生的什么能力？我们的家庭应该给孩子什么样的家教？北京四中国际校区有一个说法，即我们要培养具有中国心的国际化人才，包含四项核心素养：一是身心健康，二是公民责任，三是终身学习，四是世界影响。

“中国心”是我校学生培养的核心。他们要了解中国历史文化、具有中华情怀，对自己作为炎黄子孙保有文化身份认同。他们还要懂得尊重，勤奋，谦逊，正直，发扬中华民族传统美德。

“身心健康”是学生成长的基础。他们要身体强健，精力充沛，自爱自信，乐观豁达。他们要敢于挑战自己，为自己的选择负责，还要具有自我管理和反思的能力，在瞬息万变的现代社会里懂得灵活坚韧。

“终身学习”是学生成才的保证。他们要敏于观察，勤于思考，勇于提问，乐于创造，善于表达。他们要对不了解的事物永远充满好奇，享受探索乃至失败的过程。他们要心态开放又懂得专注，学无止境对他们来说不仅理所应当，更是一种享受。

“公民责任”是学生成熟的象征。他们要关心家庭学校，也关心国家社会。他们会主动倾听，懂得换位思考与共情，愿意了解社会问题并尝试解决。他们要敢于承担责任，总是恪守承诺，甘于服务他人与社会。

“世界影响”是学生成功的荣耀。他们要具备多元文化理解，在世界任何地方都能跨界自如游刃有余。他们视天下为己任，站出来，他们就能领导，退回去，他们也能贡献。他们充满智慧，富有能力，他们将创造人类文明的未来。

要实现这一培养目标，需要搭建国际化人才成长的六大支柱：大阅读、大健康、大实践、大艺术、大开放和综合素质评价。

大阅读与博雅教育

博雅教育的实质就是构建基础扎实、能力全面、面向未来的综合性素质，其主要的实现途径之一就是大阅读。没有大阅读的积累，学习的基础就会荡然无存。北京四中国际校区石国鹏校长指出：走出国门后不要被天下人笑话，那就请坐下来读书，踏踏实实地读书。学校给高一学生的阅读量目标是5000页原版阅读量，大约20本书。“没有足够的阅读量，出去就是两个字:‘作死’。因为孩子参加不了国外课堂的讨论，他不可能有建设性的课堂贡献，他的平时成绩很糟，他会越来越觉得自己不行，越来越躲在角落里面去，最终他是白念甚至出现心理问题。”

通过阅读，我们旨在培养三个能力。

1. 基础阅读技能

我们知道，单就老师而言，阅读也是有限的。我们告诉孩子，若你指望从老师身上学到对你一辈子有用的东西，不可能。因此你们要自己去读书。每年5000页阅读标准对学生来讲确实有很大压力，因为他们在课堂里还有无数的阅读任务，在晚上还要完成学校布置的阅读，要求不低。

2. 批判性的思维技能

包括理解：对问题归类，阐明，明确重要性等；分析：指明观点，分解观点，比较等；引申：提出假设，识别多种证据，得出结论等；说明：陈述，证明及展示推理过程和结论等；评估：评估观点和论证过程，确定评估标准等；调整：自我思维分析及改进等。

如果希望有一个思维习惯阅读，那就每天都应该读书。

3. 批判性思维习惯

开放性：接纳看世界的角度的多样性；公平心：平等考量分析论证；理性：遇事倾向于寻求理性分析；好奇心：对许多事物和话题感兴趣；全

面性：渴望对事物的了解能尽量充分；灵活性：愿意考虑其他意见或替代方案；尊重：倾听和接受他人的不同观点。

大体育与健康素养

重视学生健康是北京四中的特点。体育不仅健体，更是健心！良好的身体和心理状态是我们人才培养的基本要求。四中国际校区每周开设8节体育课，就是希望学生有足够的运动量，有充分的团队锻炼活动，有一生引以为自豪的体育长项和锻炼习惯。良好的锻炼习惯和技能也是到国外生活学习、融入主流社群的一个基本能力。

大实践与无围墙课堂

国际化人才的培养原本就应在环球课堂中学习。一个很流行的说法，即学习在窗外、他人即教师、生活即教育、世界皆课堂。把学生关在屋子里学习是被动和封闭的，而打开一扇窗才能帮助学生往外钻，生活里的所有人都是老师，要学会在生活中接受更多的锻炼并获得成长，也就是生活即教育的体现。我们把这样的课堂称为“无围墙课堂”。

“无围墙课程计划”(Classroom Without Walls Project，简称“CWWP”）就是北京四中国际校区以此为目的发起的中学综合课外活动项目，为教师提供更多的自由并为学生提供更多的选择和机会，思考并挑战我们以往以教室为主要学习场所的教学和学习方法，把学生带到一个更加丰富的情景，或者说，我们将课堂无限延伸至一个更加广阔的环境。

我们的学生每周四下午以及周六或周日都处在“无围墙课堂”状态，

我们认为只有进入这样的无围墙课堂，我们的教育才能实现三个穿越。第一是穿越学校的边界。20年前我刚参加工作发表的第一篇论文标题就是学校教育要社会化，当时我就觉得，学生在封闭环境下学习是非常受约束的，不足以解放他们的天性，我们要穿越学校的边界，走进社会大课堂，走进全球大课堂，展开更丰富的学习。第二是穿越学科的边界。现在已经是主题化、项目式学习（Project-Based Learning，简称“PBL”）成为主流学习方式，学校必须在课程主题化、综合化等方面往前走。第三是穿越学习的边界。即事事皆学习，时时皆学习，在家庭、在社区、在世界，学习全时段发生，唯有如此，才能给孩子提供更多深度学习的机会和体验。

我们也希望，每个家庭都能更多地让孩子多一些有挑战性的社会实践。行万里路，读万卷书。

大艺术与戏剧教育

戏剧教育是四中教育的特色之一。每到五六月份，高三同学们就要排演两部毕业大剧，这是每年都要连续演很多场的重要艺术活动。英文戏剧和中文戏剧是学校必修课，甚至从初中开始就是必修课。因为我们认为戏剧教育可以解放人的天性，这个教育的功能怎么夸大都不为过。

大开放与环球课堂

中学生直接出国留学会出现很多令人担心的问题，但我们觉得他们应该出去看一看，比如初三或小学六年级能在美国待一个阶段就很不错。于是我们学校派出专业学科教师和管理人员，带着我们的学生进入美国公立学校课堂，进行全息体验式学习。我们的老师在课后组织一些特色课程和活动，进行引导式的管理，整个课程由我们整体架构和选择。现在这种大开放式的学习模式已经成为国际化学习的潮流，这大概就是“世界皆课堂”。

在这个时候，我们的家庭教育不能缺位。家长们除了每天或每周跟孩子保持联系外，学校在每个学期的关键点还安排了学校领导、教师、家庭和学生的一对一的四方会谈。学校领导经常是早上3点多起床到会议室和家长一起同海外学生进行一对一的家长会。每个学生基本上40分钟到1个小时，一年多次，我们以这样一种方式让学校、家庭的教育能够落地。

综合素质评价

要想实现前五大目标，综合素质评价是非常重要的。我们建立了学生综合素质评价SPI电子化系统，评价体系分四个方面：学术水平、生活技能、品德、领导力。学生在美国学习期间，很多家长有严重的焦虑和担心。我们把学生每天要经历的事细分成了74项指标，旨在培养学生细微的学习和生活习惯。这74项指标包含了他早上怎么起来、晚上怎么休息、吃饭的时候是不是需要跟住家爸妈进行沟通等。第一个月逐项打分还是很辛苦的，但是到第二个月学生养成习惯后管理起来就会轻松多了。

在以综合素质评价作为学生成长保驾护航的层面上，我们希望学校的教育痕迹和家庭的教育合力能够渗透到学生日常学习生活中。

描绘面向未来的教育蓝图

熊永昌，北京一零一中学副校长

什么是未来的教育？未来的教育必须让所有教育要素参与进来，通过探讨与研究，达成理想教育共识，实现将人的多元发展与国家人才培养完美结合。面向未来的教与学必须从知识学习、能力培养走向素养提升、生命成长与智慧生成，学校应基于鼓励创新、审慎和宽容的原则，努力寻找到最理想的教与学方式。

基于对未来教育的认识，学校要实施以学生为中心的教育定制，教育将从知识“批发”走向以学生为中心的个人定制；鼓励探索，允许失败；帮助学生发掘自己的个性和潜能。实现自主开发的办学场景：知识获取渠道从单一走向多元、资源供给方式从简单走向丰富、学习场景模式从固定走向移动、学校管理服务从模糊走向精准。课程建构从分散走向整体，课程组织从分科走向综合，课程供给从配送走向选择。

四个维度探索教育国际化

一零一中学教育国际化之路主要围绕四个维度展开：（1）坚守中国

传统文化与核心价值观；（2）构建国际化的多元文化和校园氛围；（3）坚持国际化的学习课程建设方向；（4）通过中外合资办学的课程项目，拓展和丰富教学资源。

目前，一零一中学开发20余门坚守中国文化与核心价值观的主题课程，包括“世界遗产”教育主题课程，京剧文化、中国书法、中国少数民族体育等。在构建国际化的多元校园文化氛围上，学校开发了多元文化主题校本课程教材，在学生社团活动中渗透国际元素，开展模拟联合国等。

国际化课程是学校整体课程体系的重要组成部分。一零一中学构建了卓越主题书院课程群，包括人文、科学、领袖、国际、艺术体育五大主题并对应书院管理。其中，国际书院课程分三个维度：国际视野、国际交流和国际学术课程。

国际视野课程以发展学生核心素养为育人理念，培养学生的社会参与、责任担当意识，增强学生的国家认同感和国际理解力。课程包括：领袖素养能力课程，海外文化指导课程，国际礼仪文化课程等。

学校还与美国、英国、法国、瑞士、德国、澳大利亚、芬兰、日本等国家进行合作交流，开设国际教育交流合作。学校开设了英语语言、数学、科学、商学、信息学、艺术学等多个领域的学术文化课程，提升学生的国际性学术思辨能力。

研学旅行重点在“研”

从2007年起，一零一中学就开设了研学课程。最初，研学课程是在校内做，后来走出校门，结合一些特色的实验班和特色的项目进行，比如与中科院合作的科技人才早期培养项目。

刚开始时研学是小范围的，最后扩展到整个初中。2011年，我们第一批的初中学生走出校门体验研学旅行。如今，研学旅行的目的地已经遍及全国，比如初中有西双版纳、丽江、成都、桂林、海南、长白山、张家界等；高中有曲阜、南京、西安、唐山、西柏坡、杭州、扬州等地。每个地域都有一个代表性的研究项目，在课程的建构上有体验式的、学术融合的、创新能力培养的、自我成长体系的，让学生走进真实的自然和生活，通过真实的历史和文化体会其中的智慧，培养科学的研究方法，同时注重学科的交叉融合，科学素养和人文建设并重，而且注重引导学生完善自我的成长体系。

研学旅行的重点应该是“研学”，而不是后面的“旅行”。旅行对学生来说已经没有兴趣了，很多人可能跟着家长都去过这些地方。但是跟学校组织去则不一样，是带着项目和主题研究去的。比如在青岛开展的研学活动，就包括参观中国最大的海洋标本馆、乘科考船出海、制作海藻标本、开展研学小课题研究等。每次研学回来后 ，学校都会组织学生汇报会、分享交流会、表彰总结会，力争把研学做得更深入一些，让每个孩子都有收获。

借助研学发现拔尖学生

在国内研学的基础上，近年来我们开始探索国际研学旅行。首先找了一些深度研究的项目，比如今年与英国哈罗公学合作的高端夏校项目；参加中国教育学会组织的“基础学科拔尖学生培养计划”，走进哈佛大学、麻省理工学院、普林斯顿大学、哥伦比亚大学、西点军校、耶鲁大学六所美国顶尖大学和一所著名中学交流学习，聆听著名大学计算机、金融、法律等领域专家讲座，与美国大学生、中学生交流，与优秀留美学生代表沟通交流等。此外，与国外一些大学开展合作项目，如哈佛人文艺术课程、麻省理工科技深度体验课程，南非领导力学院世界精英领袖课程等，让学生站在世界的舞台进行研学，以开放的姿态让学生走向世界，深度学习。

通过研学，学生们在行动中认识新的世界，在体验中发现新的自我，在探索中发现新课题，在实践中学会担当，在坚持中成就新高度。研学旅行作为一个载体，发现了一批对自然科学或者社会科学有浓厚兴趣的拔尖学生，学校在此基础上，帮助他们走进科研院所、走进国家重点实验室，为他们搭建更高、更新的平台和空间。研学旅行是一次教育思想、教育理念与教育形式的整合与重构，同时它是将校内教育、社会教育、生命教育、自然教育、养成教育、同伴教育与心灵成长有机地整合。

“人生远足”课让讲台无界

牟成梅，北京市陈经纶中学高中
校区校长

2016年颁布的《中国学生发展核心素养基本框架》指出，我们的教学目标一定要从追求分数转到育人为本、立德树人。陈经纶中学一直倡导全人教育，把学生核心素养的培养融入全人教育当中，培养全面修养、坚定爱国、快乐学习、健康成长的学生个体。在全人教育的课程当中，把一切有利于学生发展的资源都当成课程资源来开发和利用，更好地服务于每一个学生。

正是在这样的背景下，从2003年起，陈经纶中学推出“人生远足”实践课程，至今已有15年历史。人生远足课程就是学校根据季节的特点、学生需求和课程设计的需要，利用双休日、节假日和部分上课时间组织学生走出学校，走进社会，广泛参与社会实践的校本课程体系。“社会就是最大的课堂，生活就是最好的教育，人生就是一次远足。”我们希望学生在完成学科知识学习的同时，能够走出校门，走进自然，走进社会，在游历中强化学生知识能力、意志品质和精神等方面的塑造，在道德体验中学会做人、学会交往，通过远足让讲台无界，教室无边。

人生远足是课堂无法完成的体验式教育

作为体验式教育，“人生远足”课解决了学校教育中社会实践活动的薄弱和学生主体缺失的问题，解决了德育工作当中途径、方法与学生心理特点和成长需要不相适应的问题，提高了德育工作的时效。同时，人生远足倡导学生参加社会实践，把学生放到社会的大熔炉中去锻炼，把学校教育和学生的实际生活相结合，让教育、学校、书本都活起来，让学生在实践中学习、在实践中成长。

我们主张让学生自主选择、自主学习、自主发展，成为学习的真正主人。因此，在设计课程过程中，主导思想是先立足于让学生做一个完整的中国人，然后让他走向世界，介绍中国的传统文化。

人生远足将活动与学习和成长同步

研学旅行与一般性旅游最大的区别就是要研学。在课程设计上，根据不同学段的学生成长过程的特点，创造教学当中的兴奋点，开展有意义的学生实践延伸课堂。课程设计的第一个策略就是实践课程与教材内容相结合，让学生感悟学科理论与社会生活的内在联系，提高学生的学科能力。比如，我们带领学生走进汶川大地震的震中，开展地理研学课程，在那儿完成野外的科学考察，研究相关的地理学习模块。

同时，我们也开展国际研学活动。比如每年的寒假都会有60名左右的学生进入MIT的实验室，进行工程学和综合性的教学。去年，我们学生设计的潜水艇得到了MIT非常高的肯定，他们工程院的院长认为我们学生设计的项目零件多一个也不行，少一个也不行，是最优化的设计。那个项目到现在还收藏在MIT的实验博物馆里。

课程设计的第二个策略是与学生社团相结合，学以致用，提高学生的实践能力。我们每年会根据学生社团的特点设计不同的项目，让学生走出校园了解世界，比如我们的模拟联合国社团、啦啦操社团、声乐社团等，都会有不同形式海外研学交流。特别是陈经纶声乐社团，每年都去国外参加一些合唱比赛。在德国科隆大教堂，我们的合唱团每年都会有20分钟专场演出时间。通过这些活动，学生的视野和格局就立刻打开了，也让社团的活动更有意义了。

此外，实践课程设计还包括两个策略：与社会热点相结合，增强学生的社会责任感；与主题教育相结合，引领学生树立正确的价值观和取向。

人生远足是一种不用分数来评价的课程

基础教育课程改革纲要中提到，要建立学生全面发展的评价体系。因此，评价不光要关注学生的学业成绩，更要关注学生多方面的潜能。

在人生远足课中，对学生的评价是不用分数来做评判的。在实践过程中，我们通过学习小组每天的总结和展示，结合学生个人的特长、兴趣爱好和研究成果的展示来对实践课程进行评价。回到学校后，学生通过午间论坛、主题班会、课堂交流、同伴教育等多种形式向全体同学或老师进行他的研学展示。在这个过程中，我们可以看到，在不同的研学阶段中，不同的学生会有不同的兴奋程度，原因就是每个人在不同的阶段和不同的环节当中找到了发挥自己特长和个性的点。所以在这个过程当中，我们不需要分数评价，只需要尽情地展示学生的特点就可以了。

“人生远足”这个词来源于陶行知先生的生活教育：“社会即课堂、生活即教育、人生即远足。”让学生在实践中完成自我修持、自我完善、自我超越，促进学生的自管自育和自主学习，这正是我们家长和老师都希望看到的孩子在成长过程中应具备的一些素质。只有学校、社会、家庭的共同努力，教育这项细致工程才会完成得更好。

他们留学归来，却好像没出过国

林敏，上海外国语大学西外外国语学校校长

我是复旦大学77级的大学生，1982年出国，先是去斯洛文尼亚读硕士，后去英国利兹大学读博士。那个时候经济非常困难，父母是没有能力供养孩子出国留学的，大家都靠奖学金，每个留学生都打工。

后来，我在国外大学做教授，见到的中国小留学生，绝大部分是父母提供零花钱、生活费、学费、来回机票、买车的费用等各种各样的开支。时代不一样了，现在我们需要思考的是，对于这些条件比较优越的孩子，如何让他们到了国外后，能够真正融入当地的学习和生活？如何使他们在国外的留学真正物有所值？

他们留学归来，却好像没出过国

十多年前，我回国办了一所学校。最近，我们在招聘老师，面试了不少从国外拿到本科学位、硕士学位，甚至博士学位的中国孩子。在交流时我感觉，其中有些孩子与我们80年代出国的人有很大不同，这些孩子好像就没出过国，他们的价值观并没有国际化。

为什么会出现这样的情况？中国发展了是件好事，家长有钱也有能力，不让孩子受苦，他们不需要像我们当年留学那样，既要好好读书，又要出去打工；要去了解社会，也要思考将来回国带什么东西回去。

记得当时，我有一次探亲的机会，就给家里带了彩电、冰箱、手表、摄像机、照相机、洗衣机等，我的邻居都很羡慕的。除了这些，还能带什么回去？我想的是要回复旦，做教授、教书。因为当时中国和国外的差距非常大，不仅是在物质上的差距，也有精神上，包括文化、学术的差距。我想把在国外学什么、怎么学，这些非常好的东西带回国内，用在教育孩子上。

国内现在有很多国际高中开设国际课程，这些课程本身质量好，但我们也要反思——是不是这些学校简单地把中国高考变成了“洋高考”？重点落在了通过考SAT、托福、AP课程、 A-level课程等，把孩子送到国外的好大学。

留学后，他们没有吸取到当地主流文化精髓

在国内接受了国际学校教育，学习了国际课程的学生，之所以出现“好像没出过国”的情况，是因为他们到了国外也并没能真正融入当地生活，汲取到主流文化精髓。

那么，到了国外，怎么和当地学生交流、沟通、分享，进而融入当地生活？

我记得我当年留学到校的第二天，学校的国际学生俱乐部举办了一个欢迎仪式。当时大概有5个中国学生，我们进去以后，发现有很大的语言

障碍，最后坚持到底的只有我一个人，另外4个学生找不同的借口，半个小时以后都消失了。我进去的时候就打定主意，即使听不懂，即使交流不了，也要坐在那里。

第一次、第一步都会很难。当时的一个信念就是：既然到了国外，就一定要想方设法融入他们的主流社会，因为一种文化的内核都在其中。现在很多小留学生自己在外租房，平时自己开伙，周六日到中国饭店吃饭，基本除了课堂上，三分之二的时间都在说中国话。而且，还有些课堂，特别是国内学生热门选择的专业比如商科、会计学，中国学生的比例甚至达到60%—70%，有些老师甚至开玩笑说："我用中文给你们上课吧。"在这种情况下，与外国人的交流和分享，如何深入？我们要避免的是，中国孩子出国留学到最后，仅仅是一个拿文凭、镀金的过程。

如何改变这种现状？

1. 国内教育：如何为孩子的出国留学做准备？

在这种背景下，我们如何在国内先做好国际教育，为这些孩子的出国做准备、做铺垫？很重要的是一定要让学生明白，他们到国外学习的最终目的和目标是什么——改变自己的人生。虽然，进入一所好的大学很重要，但这不应该是一个孩子学国际课程的最终目标。他们要学习国外的知识文化，以及价值观层面的东西。交流，不仅仅是语言学习，更重要的是语言背后承载着的文化。

什么是价值观层面真正的国际化？就是孩子的人生要发生变化，他的人生目标、定位、追求，要成为一个什么样的人，通过接受国际教育发生变化，成为一个全球国际公民。如果出国留学实现了这样的转变，我觉得家长的投入就是物有所值。但是，如果孩子是为了躲避国内的高考，出去转一圈，再回到中国，其实他的内心深处并没有变化，我觉得这样的留学是不值得的，也没有意义，还不如在中国读大学。

2. 国外交流：“浸入式学习”，不知不觉中改变自己

一个孩子经过好的课程熏陶，无论在国内还是国外，都会发生变化。通常，都会有哪些变化发生呢？

第一，有很强的开放性和包容心。他们不是只吃中国饭、只跟中国人打交道，看到跟自己长得不一样、生活习惯不一样的人，就避而远之。而是一定要开放，有包容心，主动接纳、吸收那些值得我们学习的东西，包容他们与自己的不同之处。

第二，要有同理心，学会换位思考。初到留学之地，学生可能不知道如何与老外打交道，如何与老师、学生、邻居、朋友交流，此时，我们首先要想，如果我是在当地长大，就这件事情，会如何交流。

这需要先了解他们，我在这上面花了很多时间。比如国际俱乐部的每周活动我都参加，尽管开始很艰难，但我坚持参加，努力成为其中一个被认同的成员。我在当地学习、生活、工作，说他们的语言，吃他们的饭——我的一些中国同学自己开伙，到超市买食材回来，做中国饭，吃方便面——我是坚决不这么做的，我坚持在他们的食堂吃，即使吃不惯，也天天吃。

只有这样才会有同理心，才能知道为什么他们要这么做，然后把自己放在他们的角度，站在他们的立场，去处理事情。而在这个过程中，我看问题的角度、思考的方式、态度、价值观发生了很大变化。

这个变化不容易发生，比如味觉很难改变。现在有很多孩子去国外游学，度过两三个星期，在国外看到中国饭店，马上两眼放光。我们学校也会每年带孩子到国外游学，我对带队老师说，不要去中国饭店，就天天吃西餐。先要从细节做起、从改变生活习惯做起。中国留学生在跨文化交流的“痛”，就在于没有真正融合，我们需要真正“浸入式的学习”。

7

中国式家庭
如何与国际接轨

培养国际化人才，家长须理解中外家庭教育的五点不同

陈采霞，新航道家庭教育研究院院长，曾任国际关系学院副教授，著有《幸福就是一起成长：麻省理工金融小子养育手记》（北京大学出版社）

什么时候出国？

孩子出国的时间应该是孩子准备好的时候。至于什么时候准备好，这个是因人而异，有的孩子成熟早，或者能力稍微强一点，性格更加外向一些，这样的孩子可以早点出去。如果孩子还没有准备好就送出去，会比较冒风险。

我有一个学生，在国内的时候，学习成绩还不错，也相当懂事，性格比较内向。他出国的时候读高二，出国后不久他父母发现，孩子开始喝酒，每天晚上必须喝酒才能睡觉，最后发展到自闭、抑郁的程度。他的妈妈没有办法，把自己的工作先放在一边，过去陪读差不多一年时间，孩子才逐渐恢复了正常。这件事情告诉我，只有当所有条件，包括学习、心理、经济等各个方面都准备好的时候，才是孩子出国最好的时间。

同时，家长也要考虑，如果希望孩子将来回国发展，那么，过早送孩

子出去是冒很大风险的，因为孩子在国内的根没有扎得很深，将来回来会严重不适应。我的孩子在出国留学后跟我说了一句话："如果我要是更早出国的话，可能关于中国的东西我就会知道更少。"家长送孩子出去，一个看孩子是不是准备好了，还有就是想好孩子将来的定位。等这两个事情想清楚了，再决定孩子出国时间，家长心里基本就有谱了。

要搞清楚孩子出国前需要做哪些准备，我们先来看看中外家庭教育的不同，以提早调适我们的家庭教育。

中国家庭教育VS国际家庭教育五不同

1. 前重心、后重心的不同

中国家庭比较注重孩子小时候的教育，国外家庭则在中学之后发力。德国是反对孩子过早开发智力的，不允许孩子小时候学很多东西。中国的家长在孩子出生后就开始着急，让孩子很早背唐诗，学英语，学各种技能和知识，等到了大学阶段，对孩子的要求反而不高了，中国孩子也没有中学用功了。在美国，孩子高中、大学才是真正发力的阶段。所以，就努力时间点而言，国外孩子发力要稍微后一点，重心放得后一些，这比较符合自然发展的规律。

2. 中国家庭重分数，国外家庭更加注重能力

我儿子出国留学时，他的成绩可以进美国前二十的大学，甚至前十都有可能，但是他最后只申请到了排名第41位的大学。我觉得其中一个很重要的原因就是中国人过分看重分数，当时我儿子对自己的分数很自信，我们作为家长对分数也比较放心，所以就认为录取应该是比较容易的，但现

实给了我们一个非常大的耳光。在国外更注重能力，更看重你的领导力、课外活动，还有个人素养。比如，你是不是有爱心，是不是参加过很多志愿活动等，而光有分数是远远不够的。

3. 中国家庭重学校排名，国外更重实际

中国教育目前很重视学校的排名，而国外更重实际。在国外，人们并不觉得排名第一就是绝对的好学校，他们会更加实际地说这个学校本身不错，或者这个学校有很好的专业，而中国人在选择学校的时候，更看重学校的排名。

4. 中国孩子擅长考试，国外注重孩子表达训练

擅长考试不是天生会的，而是被训练出来的。我们现在很多出国的孩子考试能力很强，分数很不错，但是到国外之后发现虽然有这么好的成绩，却没法适应。首先是听课有问题，做作业和拿学位也会出现很大困难，这也是孩子在国内学习时留下的一些后遗症。在国外，人们对孩子表达的看重以及训练，包括孩子本身具备的表达能力让我很诧异。

5. 中国孩子学习做事更被动，国外孩子更主动

中国重视孩子学习成绩，一味专注学习就直接导致我们的孩子积极主动性要差一些，学习更加被动，做事情更加被动。而美国的优秀孩子，比如我们比较熟悉的扎克伯格、乔布斯之类的人物，他们在学校里成绩不是那么拔尖，他们取得那么大的成绩，我认为是与他们在积极主动地学习，而且学得更加轻松有关。

给家长的建议：尊重、了解孩子，自我进步

家长首先应该做的是尊重孩子。尊重孩子包括了解孩子的特点，了解孩子的心愿，了解孩子的长处。了解孩子之后就可以做到有的放矢，会给孩子一些切实可行、愿意接受的建议。

在这个过程当中，最重要的是家长的自我学习与进步。家长是孩子的榜样，如果家长自己不学习、不进步，简单一味地要求孩子努力、进步，或者留给孩子的印象是：愿意砸钱送孩子出国留学——如此培养出的孩子，出国留学是肯定要付出惨重代价的。家长不断自我进步，与孩子一同成长、一同面对孩子成长路上的各种困难，这样成长起来的孩子会有更好的适应力。

拿掉中国家长脸上的那张帕子

杨咏梅，《中国教育报·家庭教育周刊》主编、中国教育学会家庭教育专业委员会常务理事、中国家庭教育传媒联盟秘书长

在中国人的概念中，孩子和家庭是不会分开的，学术词叫“亲子一体化”。中国家庭一个很大的特点是——家长舍不得放手，原因是我们不放心。孩子不管是出国留学还是在国内接受教育，我们的家长都会主导和干预很多，导致中国的孩子多不自信、没有主见。相反，国外的孩子，不管高矮胖瘦，每个孩子站出来都极为自信，敢于发言，一副“我很优秀、我很特别”的模样。

家庭：培养孩子的未来竞争力，不是盯着眼前的分数

联合国教科文组织曾经提出四句话代表对21世纪人才的要求：学会求知、学会做事、学会合作、学会做人。按照最简单的平均法，这四块需要各占25%，然而我们太多家庭把90%的时间、金钱、心血都放在第一个基础上，把孩子知识分数看得太重了。我们有名校情结、成功情结、面子情结，如果隔壁某某的孩子上了什么学校，自家孩子不能比他差；如果同事家孩子考了多少分，自家孩子不能让我在单位抬不起头来。这是中国家长

特别难拿掉的脸上的一张帕子。

这四块基石里，我们后三块是薄弱项，家长们在思考问题的时候不要总想着隔壁的王小强、邻居家孩子李小花，你的孩子在20年以后将跟印度青年、新西兰青年竞争工作，家长们要考虑今天所做的要为未来竞争力做准备，而不是一味地盯着孩子目前的分数。

与国际接轨，中国式家庭教育要做出改变

孩子出国后会面临中西文化不适应，但我认为这不是最大的不适应，而是书本之外的实践能力和他们的同龄人相比的不适应。我们看到了很多小留学生违法事件，比如在Facebook上发自己违法喝酒的照片，在愤怒中说出“我想杀死谁”这样以为稀松平常的话，但在美国这些言语行为都是违法的。要与国际接轨，中国式家庭教育要做出改变，要教育我们的孩子懂得在合适的场合说合适的话、做合适的事。

改变，从尊重孩子权利开始

中国式家庭教育一直以来有一个硬伤——我们不尊重儿童权利。中国儿童中心曾做过调查，国内75%的家长没有听说过“儿童权利”这个词，不知道儿童权利包含什么内容，而听说过的家长在生活实践里不遵守的高于75%。这部分家长很少考虑孩子也有独立人格、有选择参与权。

在留学这件事上，新航道国际教育集团董事长胡敏教授说过，留学的念头应该是孩子先有。胡敏教授是一位非常智慧的父亲，在儿子留学的事情上没有push，而是在儿子提出后，跟儿子探讨要留学需要先达成什

么目标。

我有太多同学朋友跟我商量，孩子厌学、跟老师发生矛盾，要不送他去留学吧。我开玩笑说:“上赶子的不是买卖，使劲往外推不是内驱动力。”

三方面观察孩子是否可以去留学

我跟一个朋友说，如果你的孩子到目前为止还没有在别人家住过一晚，没有参加过营地活动，没有任何在你视野范围内把自己打理得干净整洁的经历，只是因为你有钱便把他放到地球另外一边，这样可能会出现很多问题。比如，他会不会管理时间、财务、情绪，会不会跟同学相处。

在孩子留学的事情上，家长要从三方面观察你的孩子是不是可以去留学。

1. 内驱力

是孩子要留学还是你要他留学？只有是孩子自发提出的，他才会更多地投入时间和精力、付出努力。

2. 自主学习能力

国外孩子的阅读能力很强，通常老师会给他们一大堆参考书，要求他们在短时间内必须看完。我一个同事的孩子说，他的外国同学太会读书了，不熬夜根本拼不过他们。

3. 自我管理能力

我之前是消防队员型的妈妈，家里家务全包，不给女儿实操的机会。忽然有一天我想到她之后上大学住宿舍时，我要是她舍友肯定很烦她，因为她还没有养成梳洗完毕把洗手台收拾干净的习惯。

我希望中国的孩子在国外被赞有家教、有教养；他们能做到张弛有度、进退得体；他们不一定多优秀，但是在合适的场合说合适的话、做合适的事情；在他们的群体里，能保有追求卓越的心。而要达成这些，更重要的还是在家庭教育环节打好基础。

国际化人才的竞争
其实是家庭教育的竞争

廖厚才，现代教育报社社长、总编辑

全球化已经渗透到我们工作和生活的方方面面，教育的国际化不可避免，而一个人的成长会深深打上家庭教育的烙印，家庭教育的正向作为将有助于培养国际化领袖。

根据《国家中长期教育改革和发展纲要(2010—2020)》，国际化人才需要“具有国际视野、通晓国际规则、能够参与国际事务与国际竞争”。准备留学的家庭，无论是家长还是孩子，都应围绕培养这些方面的能力而努力。

家庭教育是人才培养中不可或缺的渠道。苏联著名教育学家苏霍姆林斯基曾把儿童比作一块大理石，他说，把这块大理石塑造成一座雕像需要六位雕塑家：家庭、学校、 儿童所在的集体、儿童本人、书籍、偶然出现的因素。从排列顺序上看，家庭的作用被列在了首位。

家庭教育怎样才能在培养国际化领袖中有所作为?

留学预备家庭，要提前进入“留学应对”状态

2014年中国出国留学人员总数已达到45.98万人，随着留学生数量的增加，与之一同增加的是留学生面临的焦虑、出现的问题——学术不诚实被开除、行为失当被遣返、适应能力差产生心理问题、留学生施虐案等。

所以，当大家厌倦国内教育理念、教育体制、教育方法而放眼国外教育时，留学生们需要问自己的问题是：我是否真正清楚自身的目的、需要，明白自我的优劣、预期？我是否了解国外教育的特点、利弊？而在我们的家庭教育中，家长需要审视的问题是：孩子的能力特点与你的期望值匹配吗？孩子面临的压力及其抗压能力你了解吗？孩子受不了压力时你知道怎么应对吗？你与孩子建立起良好的交流互动关系了吗？孩子学会了与人的相处之道吗？出现问题后孩子是否懂得寻求专家的帮助？你是否为孩子在国外准备了有力的后援？你的孩子在万花筒般的课程中学会了选择课程吗？孩子学会了利用海量的信息吗？等等诸多问题。

胸揣中国文化，与西方文化对话

中国的家庭教育注重家风，家风好的家庭孩子通常都很优秀。我们认为，只要家风好，在中国表现优秀的孩子到了国外也会同样优秀甚至更优秀。

孩子出国留学，一定要教会孩子对家庭、对社会、对国家有责任感和使命感，最低要求就是不要使家庭蒙羞和屈辱。孩子一个人在国外要面临很多诱惑，因此必须有正确的是非观、人生观、幸福观，不要误入歧路，不要放纵自我，不要自甘堕落。要告诉孩子，在国外，你代表的

是中国人的形象，你要给中国人争面子，要以良好的品德、良好的人格、良好的专业成绩赢得其他国家同学的尊敬。国与国的竞争就是人才的竞争，你超越了别国的同学，在某种程度上就意味着我们的国家将超越他代表的国家。

孩子在国外上学，不要割断了中国文化的脉络，胸中装着中国文化，才能与西方文化对话。一种文明与另一种文明碰撞时，须把一种文明的根基扎牢，否则容易在另一种文明面前迷失。中国的父母，要在家庭教育上帮助孩子树立文化自信、传统自信。

家长应充分考虑留学的“毕业之困”

中国大学生如期毕业应该不是问题。但在国外，如期毕业则不那么容易。据报道，2015年在美国，被开除的中国留学生总数约占中国留学生总数3%，即近8000人。这些严酷事实告诉我们，留学地绝不是中国教育失败者的避风港，留学要面临比在国内上学更多的困难。

事实上，长期以来，国内曲解了发达国家的教育，以为国外都是“快乐教育”，轻轻松松、晃晃悠悠就能毕业晋级，而现实情况并非如此。在全球教育一体化的时代，你身边都是来自各国的精英，你不拼搏凭什么超越别人？美国很多名校的学生每天只能睡4个小时，美国19个州甚至认可对学生体罚。所以我们在家庭教育中要告诉有志于留学的孩子，凡是有竞争的地方就有压力。

培养具有国际视野、通晓国际规则、能够参与国际事务与国际竞争的优秀孩子，是家庭教育的重任。有人说，世界各国的竞争是人才的竞争，其实也是各国母亲们的竞争。我们也可以把它推演为各国的竞争是家庭教育的竞争。在大众留学的时代，家庭教育在培养国际化领袖的进程中将大有可为！

中国家长话语权很小，金钱是他们最大的可支配资源

孙献涛，光明日报出版社总编辑
兼《留学》杂志社社长

中西家庭所处环境不一样，中国家长的焦虑是因为学校资源占有不均衡引起的

在西方，至少在美国，家庭不会经历幼升小、小升初的煎熬。这样，美国的家庭在这些时刻就不会有太大压力，家长和孩子心态都比较自然。然而中国家庭为了幼升小、小升初，可能家长和孩子都得提前很长时间就开始考虑并有所行动，比如为了孩子在幼升小时能进入理想的学校读书，那么在学校面试的时候，就要准备好一堆孩子的各种获奖证书，以在升学时保持优势。这是由于资源占有不同引发的现象。

相较于西方，中国家长的话语权很小，能支配的资源也有限

中国家长的话语权很小，决定不了孩子上什么学校，也决定不了孩子在哪儿入学；见到学校的所有老师都要毕恭毕敬，班主任和家庭之间没有

任何博弈，原因是中国家长可支配的资源太有限，这其实是由大环境决定的。

就拿学区来说，中国的学区是由领导划出来的，中国的房地产商“对缝”对出来的，这时候中国家长可支配的资源只有金钱，要在好的学区上学，就只能用金钱：比如购买学区房获得在该学区上学的名额；或者你想让孩子进入好的学校读书，你就要让孩子参加各种培训班，以在升学面试中增强自己的竞争力；当然你也可以选择把孩子送到地球另外一边接受教育，摆脱这些规矩的束缚，代价是不菲的留学费用。但是西方的学区是自然形成的，一个区域内居民大部分的房产税会投入到本区域学校里，这样那些富人居住的区域，因着投入教育的资金丰厚的缘故，这里的教育水平也相对较高，久而久之自然形成了不同学区教育水平高低不同的现状。

中国家长对孩子的期许和西方家长对孩子的期许不一样

中国家长对孩子的期许比较高，会有更多的掌控。这点大家也可以理解，因为中国家长为孩子付出的资源较多，从孩子出生时就想着上哪个幼儿园，一直到让孩子上更好的大学，这期间他们用了各种资源为孩子保驾护航，当然他们会要求掌控更多。同时，由于中国孩子面临的竞争比西方的孩子要大得多，未来命运的不确定性很大，这在某种程度上使得中国家长在规划孩子未来发展方向时，特别是做出国留学这样决策的时候，一定看学校排名，也要看投入产出具体可量化的指标。

21世纪国际人才须具备的四种核心素养，家庭教育如何对接？

罗德宏，《现代教育报》总编辑助理

近年来，“核心素养”被越来越多的教育工作者提及。我认为，核心素养是对于个人一生的生活和发展最重要的能力，是可以后天习得的。那什么样的素养是“核心素养”，是21世纪国际人才必须具备的品质和能力？我认为有四点。

身心健康

年初我去美国和朋友交流，他们的孩子大多在上中小学，其中有一个小姑娘7岁，她的父亲要求她每天早晨都要游泳一个小时，她现在已经有两个泳姿的速度超过了父亲。因为美国中学，包括美国大学的学习是非常辛苦的，他们必须有好的身体素质。美国记者爱德华·休姆斯描述加州惠特尼高中生的生活：“每天晚上睡4小时，4杯拿铁咖啡，才能拼4.0的成绩。”这样的辛苦，如果没有强壮的体质，你怎么去拼？

学会学习

经合组织强调，人们要习得工具的使用，能够互动地使用语言、信息和新的技术。面对新技术、新产业层出不穷、迭代异常迅速的社会生活，学会学习无疑是未来人才必须具备的素养。

个性化和创意性

美国作家丹尼尔·平克在他的《全新思维》一书中指出：未来属于那些拥有与众不同思维的人，唯有拥有右脑时代的六大全新思维能力——设计感、娱乐感、意义感、故事力、交响力、共情力，即“三感三力”，才能决胜于未来。这与我们今天强调的知识和思考的方式是不太一样的。

为什么强调这个？2016年3月，谷歌人工智能系统AlphaGo战胜世界围棋冠军李世石的事件，在教育界和科技界都引发了很多讨论。一个话题受到人们的热议——未来可以被取代的工种有多少？《光明日报》近日刊发的一篇题为《机器人抢不走哪些饭碗》的文章写道：有预言称，未来30年内现有50%的岗位会被取代，比如文员、会计、律师、记者……那么哪些岗位是不能被取代的呢？作为机器人，它毕竟是“物”不是人，难以取代人类的个性化和创意性，比如机器人不具备情感、个性、意识、道德等人性，也不具备创新能力。所以，未来不在于你有多勤奋，而是工作的不可取代性有多高，这决定着人才培养的核心素养是什么。

道德品质

这里面有两个维度：一是传统文化的自信和基础。民族文化和母语素养是未来国际化人才一个非常核心的素养，不管你到哪里，一定要有这样的根基。在这个根基上扎得越深，由于你的独特内涵性，你越能够站得稳，和别人对话、和世界对话。

二是明辨是非。关于价值观，每个人都有自己的选择，父母无法左右孩子的价值取向，特别是当孩子在一个全新的环境中，但是向善的根却是可能在家庭教育中提早扎下的。作为家长，我们希望孩子将来是靠聪明被认可，还是靠品格被认可？这涉及我们培养的方向和重心，也涉及孩子成为什么样的人、是否具备了未来生活的核心素养。

孩子不了解自己的兴趣和方向，父母如何助力？

现在我们想让孩子自己做出选择，因为这样才会是对他们最好的发展，问题是很多孩子不知道自己想要什么。新中考改革一个非常凸显的变化是学科组合多样化，给孩子更多选择的权利，但是学生选择的意识和能力却不够。很多家长希望孩子出国留学，然而孩子对自己的兴趣等都没有明确的了解和把握。

所以，家长最重要的是了解自己的孩子，帮助孩子发现自己的兴趣。孩子的兴趣可能会发生偏移，我们家长需要按自己的能力，提供尽可能丰富的资源，让孩子去选择、去体验，孩子需要不停地试错而后逐渐清晰，在这个过程中家长引导孩子发现、明确自己的兴趣和方向。如果孩子能够带着兴趣在高中学习，带着兴趣选择自己的留学专业，那么在他出国留学后出现的问题就会少很多，同时他对自己的未来有个明确的目标。在条件允许的情况下，家长引导孩子读万卷书、行万里路，帮助孩子广开眼界，也是很重要的。

孩子的视野开阔了，也明晰了自己的兴趣和方向，他会知道自己要学习什么，在家庭教育“向善”价值观的引导下，他会发展成一个积极正向的孩子，而这样的孩子正是未来社会需要的人才。

做终身学习者，培养孩子的国际人才核心素养

胡敏，新航道国际教育集团董事长兼CEO，新航道全球胜任力研究中心主任，南京师范大学、上海师范大学、华中师范大学等多所高校兼职教授和山东大学硕士生导师

技术带给我们的改变是深刻的，也时常令人头昏目眩；知识更新的速度越来越快，新信息如潮水一样涌过来；订阅的微信公众号，甚至连每天扫一遍标题的时间都挤不出来，这是时代对我们的挑战。我们的孩子，将生活在全球化的未来，更需要有应对未来的能力，即我们今天讨论的核心素养。

什么是国际人才的核心素养？自1997年以来，经合组织、联合国教科文组织、欧盟等先后开展了关于核心素养的研究；美国、英国、法国、德国、芬兰、新加坡等也积极开发核心素养框架，中国的《中国学生发展核心素养》也已经在2016年9月发布。从全球范围来看，核心素养的选取都反映了社会经济与科技信息发展的最新要求，强调批判性思维、创新与创造能力、沟通与交流能力、团队合作能力、自我规划能力等，内容虽不尽相同，但都是为了适应时代的挑战。

家长如何帮助孩子获得核心素养？我想从三方面谈一谈个人的思考。

当好教练和队友，培养孩子的沟通与表达能力

各国及各种国际组织的核心素养框架，有的走“全面路线”，几乎把学生的所有素养都包括在内；有的走“简约路线”，只涉及一些关键的素养。但沟通与表达能力几乎是所有核心素养框架都在强调的一种能力。

在人际交往中，沟通与表达能力的高低对个人发展有很大影响。在国际化的学习环境中，小组合作、项目式学习是常态，课堂上常常三四人一组，每个小组讨论分工，然后各尽其能合作完成工作，项目结束时，要完成研究报告、作口头演讲。沟通与表达能力是进行这种学习的基本要求，这一点常常会难倒中国留学生。中国留学生出国后，往往需要很长一段时间才能适应这样的学习方式，即使能够参与了，也很少能在小组合作中成为活跃者或领头人。

我们的兼职高级研究员、美国东华盛顿大学终身教授刘京秋博士写了一篇文章名为《为什么美国孩子看起来那么自信》，谈到美国孩子在生活中通常不怕生，会大大方方和成人对话，不仰视也不轻视；课堂上，会提出各种问题，不论难易；做演示、演讲时，表现从容不紧张。这种自信来源于何处？刘京秋教授的分析是：“在美国，英语语言学习被奉为学科之首，听说读写的交流能力一直被认为是工作中需要的首要素质。为此，从小学直至大学，教学中始终安排有写作、做项目和演讲的活动，而且是人人参加，并有评估。”

说实话，我们中国课堂对这方面的重视和训练是不够的，这个空缺正需要家庭教育的补位。

家庭，是孩子的第一个天然团队。在这个团队里，首先，父母可以在

家庭里营造书香氛围，成为孩子阅读路上的亲密伙伴，一起读书、一起讨论心得。在书香里长大的孩子，自然“腹有诗书气自华”，再加以适当的练习，他们就能在需要的场合大方自信地表达自己。

其次，家庭是一个极其亲密的组织，内部也容易产生摩擦，父母先要学习如何进行积极沟通，引导孩子学会合适地交流，才能形成良好的亲子关系，构建其乐融融的家庭氛围。如果一个孩子在家庭里都不能跟父母好好说话，怎能期望他到学校里、到社会上自主学会文明有礼地沟通！如果父母能做好孩子的成长教练和队友，在家庭这个天然团队中培养孩子沟通与交流的意识、规则、能力，就为他们长远的发展打下了坚实的基础。

持有健康金钱观，培养孩子的财经素养

财经素养，这个听起来有些陌生的术语，在国家层面，被越来越多地关注，包括美国在内，目前有20多个国家把财经素养教育作为国家战略，纳入基础教育体系；2012年开始，财经素养被纳入经合组织的PISA测试，成为评价学生素养的一个重要指标。

在家庭层面，欧美国家的父母常常让孩子从小参加劳动，让他们明白财富来之不易，并且鼓励孩子打工赚钱，尽早学会自立。这一点，中国的父母相对重视不够，常常是自己努力工作、节俭生活，但对于孩子的花销就有求必应，甚至攀比消费，以至于一些孩子对金钱完全没有概念，也不懂得体谅父母的艰辛；在一些相对富裕的家庭，更是出现“有钱就任性”的错误价值观。

我的孩子在美国读书期间，家里只提供正常的学费和往返差旅费，生

活费是他自己赚的。生活在“车轮上的国家”，他想买辆车，学习和生活都更方便，于是自己申请贷款买车，到本科毕业时才还清贷款。我们夫妻俩奋斗了一辈子，他的这些费用我们其实可以负担得起，但是我们没有这么做。我们这样做，可能在很多人看来是比较抠门的，但是孩子并没有抱怨，对于我们在钱上的“抠门”，他之所以没有抱怨，因为他很熟悉我们家的“金钱观”——勤俭持家，不乱花钱。我和他母亲，尽管也心疼他一边读书一边打工的劳累，但从结果来看，首先，这种状态并没有影响学业，他悄无声息地拿了会计、金融、电子工程三个本科学位，研究生毕业时获得麻省理工学院的优秀毕业生；其次，在这个过程中，他不但学习了如何理财，更增强了自我规划和自我管理的能力。从麻省理工毕业后，他进入四大会计师事务所之一的德勤，工作两年后，又重新规划自己的职业生涯，进入美国谷歌总部工作。

养育孩子的过程，和作为教育工作者对大量学生及其家庭的观察，让我相信，父母持有健康的金钱观，放手给孩子自我锻炼的机会，不但能培养其理财能力，更能够培养出一个富有责任心、善于自我规划和自我管理的现代型青年。

以身作则，做终身学习者

1996年，联合国教科文组织发布报告《教育：财富蕴藏其中》，强调终身学习是打开21世纪光明之门的钥匙。可以说，在时代意义上，终身学习已经成为一种生活时尚。在一个终身学习的时代，人们认为自己不再年轻的分水岭，不是年龄，而是停止学习、停止追求梦想，就像罗曼·罗兰在《约翰·克里斯朵夫》中所说的:“那些在二三十岁上就死了的人，一天天重复自己，最终‘变成了自己的影子’。”

作为父母，如果我们能永葆学习的热情，始终在追求自己梦想的路上前行，带给孩子的，将是最直接而强大的榜样。但现实是，很多中国家长自己不学习，整天以投资人和监工的形象督促孩子的学习；当然，也有家长做得特别好。

新航道的一个学员家长，在我看来，就是一个终身学习者的家长典范。2013年，她的女儿到加拿大读8年级，后来转到美国读10年级。留学3年多，这个女孩会4种语言，成绩几乎全A，到美国后选修了西班牙语和AP美国历史、AP英语文学等高难度课程。有这样一个优秀的女儿，妈妈做了什么？一方面，她抓住一切机会学英语、用英语，保持跟女儿的学习和生活无障碍沟通；另一方面，她积极参加女儿学校的志愿者活动，几乎每场都没有落下。为了让转学到美国的女儿能继续练习法语，她跟着软件学法语，记了几千个单词，读了一百多本法语幼儿读物，让自己有能力进行法语对话，现在，她说自己能和法国人简单聊天。

这位妈妈的自我总结很精彩，她说：“在陪伴孩子向前奔跑的过程中，我不想简单粗暴地做一个高高在上的驱使者、鞭策者，不想只做督导和喝彩的看客，我要求自己是一个陪跑者，能陪多久陪多久，能跑多远跑多远。在陪跑的过程中，我能更深程度地理解体会孩子的苦与乐，体谅孩子的不容易，会倍加珍惜她的每一点滴的进步。”

你看，很简单，你希望孩子成为什么样的人，你自己先成为那样的人。你希望孩子热爱阅读，先自己认真读书；你希望孩子热爱运动、交友广泛，可以带孩子去爬山去打球，或者自己保持健身的习惯；你希望孩子将来懂得如何爱人、家庭美满，那你就先好好去关爱自己的爱人，让孩子在你身上学会爱人的方法，让孩子成长于一个和谐美好的环境，有一句话说得好："父母恩爱，是最好的家教。"

最后，我想表达最衷心的祝愿：祝愿每一个父母，都能在这个急剧变革的时代，沉下心来，做有远见的终身学习者，让言传身教的力量在潜移默化中影响孩子的一生；当孩子在家庭中养成最基本的核心素养，以及开放的心态、对生活的热情、面对未知的勇气，他们才能接受时代的挑战，面对未来，勇往直前。

8

附录：向日葵国际教育高峰论坛

向日葵国际教育高峰论坛

Sunflower International Education Forum

如果说500年前的大航海运动，让世界各国的人的身体相遇了，那么今天的互联网，则是让世界各地人们的大脑在网络上相遇了，天涯若比邻的全球化时代已经到来。

随着世界范围人口和资金的流动，现在的孩子从一出生就注定要与来自世界各个角落的人竞争与合作，家长们都希望自己的孩子在“被国际化”的背景中，掌握主动，能够成为国际化人才，拥有全球胜任力。那么，在孩子国际化进程中，家长如何真正发挥教育责任？家庭教育有何作为、如何作为？

“向日葵国际教育高峰论坛”由新航道家庭教育研究院发起，定于每年5月15日“国际家庭日”前后举行。论坛携手东西方一流教育研究者、中小学校长、一线实践者、优秀的国际人才，切实围绕中国低龄留学家庭的实际问题与需求，围绕家庭教育发展之“中国与世界”“家庭与学校”“当下与未来”等话题，进行思想的碰撞，探索全球化时代家庭教育的国际化、专业化、信息化等问题，努力为更多家庭的选择提供可参考的信息和观点。

自2016年5月14日以来，“向日葵国际教育高峰论坛”已先后在北京、上海成功举办三届；60位中国、美国、英国、加拿大等各国一流教育研究者、中小学校长、一线实践者、资深媒体人士以及杰出国际人才出席并发表演讲。新华社、中国教育电视台、中央人民广播电台、《中国教育报》、人民网、中国网、《留学》杂志、《青年文摘》杂志等全国40多家主流媒体先后对论坛进行报道！

随着教育国际化的加速，中国家庭的教育模式将发生巨大改变，需要我们更多的思考、实践和讨论，以更好地应对挑战。每一届“向日葵国际教育高峰论坛”的举办，都是一次国际教育理念和观点的盛会，也是一次关于培育未来国际化人才的智慧的集中展现，更是一次对家庭教育议题的全面刷新。

“向日葵国际教育高峰论坛”，陪伴更多家庭走好国际教育道路！

论坛寓意

向日葵，因花序随太阳转动而得名，是一种非常明亮、温暖而且充满活力的鲜花。我们的Logo既是一朵向日葵，也是一本打开的书，取向日葵明朗、健康、积极的寓意，也象征从书中、从知识中升起的一轮太阳，代表着希望，和对梦想与生活的热爱。

年度主题

2018年度主题 未来的挑战：视野 · 素养 · 选择

2017年度主题 国际人才的核心素养：家庭教育的作为

2016年度主题 培养国际化领袖：家庭教育的作为

《培养国际化人才：家庭教育的作为》
立体阅读服务指南

本书精选了2018、2017、2016三届“向日葵国际教育高峰论坛”上30多位全球教育大咖的智慧观点。限于篇幅，很多精彩在书中无法一一呈现，所以，我们为每位读者提供基于本书的立体阅读。

论坛视频

精选视频
重温现场专家风采
感受视听盛宴

在线课程

6堂核心素养课
提升陪伴成长的全面技能

原创文章

300+原创文章
助力每一位家长成为
终身学习者

系列图书

“向日葵国际教育丛书”
让学习永不止步

获取方式

关注“向日葵国际教育”官方微信公众号
回复“**论坛**”即可获取立体阅读服务

详情咨询：向日葵管家（微信号：xhdjtjy）
官方邮箱：nc-jtjy@xhd.cn

向日葵国际教育

向日葵国际教育——中国家长的国际化教育成长伙伴